江西大学生就业创业
百问百答

谭菊华　王钠　编著

黄河出版传媒集团
阳光出版社

图书在版编目（CIP）数据

江西大学生就业创业百问百答 / 谭菊华, 王钠编著.
银川 : 阳光出版社, 2024. 6. -- ISBN 978-7-5525
-7359-6

Ⅰ. G647.38-44

中国国家版本馆CIP数据核字第2024H1L535号

江西大学生就业创业百问百答　　谭菊华　王钠　编著

责任编辑　郑晨阳
封面设计　曼　玲
责任印制　岳建宁

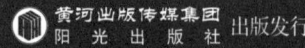 黄河出版传媒集团　出版发行
阳　光　出　版　社

出 版 人　薛文斌
地　　址　宁夏银川市北京东路139号出版大厦（750001）
网　　址　http://www.ygchbs.com
网上书店　http://shop129132959.taobao.com
电子信箱　yangguangchubanshe@163.com
邮购电话　0951-5047283
经　　销　全国新华书店
印刷装订　文畅阁印刷有限公司
印刷委托书号　（宁）0030061

开　　本　787 mm×1092 mm　1/32
印　　张　4.25
字　　数　100千字
版　　次　2024年6月第1版
印　　次　2024年6月第1次印刷
书　　号　ISBN 978-7-5525-7359-6
定　　价　28.80元

目录

① 高校毕业生可通过哪些机构获取就业服务？

（1）公共就业和人才服务机构

公共就业和人才服务机构是由各级人力资源社会保障部门举办的，为高校毕业生免费提供政策咨询、就业信息、职业指导、职业介绍、就业援助、就业与失业登记或求职登记等各项公共服务，按规定为登记失业高校毕业生免费提供人事档案管理等服务。此外，还定期开展面向高校毕业生的公共就业和人才服务专项活动，比如每年 5 月的"民营企业招聘周"，每年 9 月的"高校毕业生就业服务月"，每年 11 月的"高校毕业生就业服务周"等，为高校毕业生和用人单位搭建供需对接平台。

（2）高校毕业生就业指导机构

目前，各省教育部门、高校普遍建立了毕业生就业指导机构，为毕业生提供就业咨询、用人单位招聘及实习实训信息、求职技巧、职业生涯辅导、毕业生推荐、实习实践能力提升和就业手续办理等多项就业指导和服务。

（3）职业中介机构

职业中介机构主要包括从事人力资源服务的经营性机构，政府鼓励各类职业中介机构为高校毕业生提供就业服务，对为登记失业高校毕业生提供服务并符合一定条件的职业中介机构按规定给予职业介绍补贴。

② 高校毕业生可通过哪些渠道获取就业信息？

（1）浏览各类就业信息网站，包括中央有关部门主办的全国性就业信息网站、地方有关部门主办的就业信息网站、各高校就业信息网站及校内求职版面、其他专业性就业网站等，如教育部国家大学生就业服务平台（https://www.ncss.cn）、人力资源社会保障部官网（http://www.mohrss.gov.cn）、国聘招聘平台（https://www.iguopin.com）、中智招聘平台（https://www.ciiczhaopin.com）、中国人力资源市场网（http://chrm.mohrss.gov.cn）、中国公共招聘网（http://job.mohrss.gov.cn）、国家大学生就业服务平台（www.ncss.cn）、中国国家人才网（https://www.newjobs.com.cn）、就业在线（https://www.jobonline.cn）。

（2）参加各类招聘和双向选择活动，包括国家有关部门，各地学校、用人单位等相关机构组织的各类现场或网络招聘活动。

（3）参与校企合作实习，包括社会实践、毕业实习等活动。

（4）查阅媒体广告，如报纸、刊物、电台、电视台、视频媒体等。

（5）他人推荐，如导师、校友、亲友等。

（6）主动到单位求职自荐等。

③ 高校毕业生家庭困难的可享受哪些帮扶政策?

困难家庭高校毕业生是指:来自城镇低保家庭、低保边缘户家庭、农村贫困家庭和残疾人家庭的普通高校毕业生。各级机关在考录公务员、事业单位招聘工作人员时,免收困难家庭高校毕业生的报名费和体检费。为帮助困难家庭高校毕业生求职就业,高校一般都会安排经费作为困难家庭毕业生的求职补助,或对已成功就业的困难家庭高校毕业生给予奖励,困难家庭高校毕业生可向所在院系书面申请。学校也应根据平时掌握的情况,对困难家庭高校毕业生主动给予帮助。

从 2013 年起,对享受城乡居民最低生活保障家庭以及获得国家助学贷款的毕业年度内的高校毕业生,可给予一次性求职创业补贴,补贴标准由各省级财政、人力资源社会保障部门会同有关部门根据当地实际情况制订,所需资金按规定列入就业专项资金支出范围。毕业学年内符合下列条件之一,有就业创业意愿并积极求职创业的本省行政区内的全日制普通高等学校和中等职业学校(含技工院校)的应届毕业生,可申领一次性求职创业补贴。具体为:低保家庭毕业生;残疾毕业生;已获得国家助学贷款毕业生;脱贫人口及防止返贫监测对象家庭毕业生;困难残疾人家庭毕业生;特困人员毕业生。毕业生只可按上述一种身份享受补贴。

④ 离校未就业的高校毕业生可享受哪些服务和政策？

按照《国务院办公厅关于做好 2013 年全国普通高等学校毕业生就业工作的通知》（国办发〔2013〕35 号）和《人力资源社会保障部关于实施离校未就业高校毕业生就业促进计划的通知》（人社部发〔2013〕41 号）要求，为做好离校未就业高校毕业生就业工作，从 2013 年起实施离校未就业高校毕业生就业促进计划。

（1）地方各级人社部门所属公共就业人才服务机构和基层公共就业服务平台要面向所有离校未就业高校毕业生（包括户籍不在本地的高校毕业生）开放，办理求职登记或失业登记手续，发放《就业创业证》，摸清就业服务需求。其中，直辖市为非本地户籍高校毕业生办理失业登记办法按现行规定执行。

（2）对实名登记的所有未就业高校毕业生提供更具针对性的职业指导。

（3）对有求职意愿的高校毕业生要及时提供就业信息。

（4）对有创业意愿的高校毕业生，各地要纳入当地创业服务体系，提供政策咨询、项目开发、创业培训、融资服务、跟踪扶持等"一条龙"创业服务，及时提供就业信息。

（5）要将零就业家庭、经济困难家庭、残疾等就业困难的未就业高校毕业生列为重点工作对象，提供"一对一"个性化就业帮扶，确保实现就业。

（6）对有就业见习意愿的高校毕业生，各地要及时纳入就业见习工作对象范围，确保能够随时参加。

（7）对有培训意愿的离校未就业高校毕业生，各地要结合其专业特点，组织参加职业培训和技能鉴定，按规定落实相关补贴政策。

（8）地方各级公共就业人才服务机构要为离校未就业高校毕业生免费提供档案托管、人事代理、社会保险办理和接续等一系列服务，简化服务流程，提高服务效率；有条件的地方可对到小微企业就业的离校未就业高校毕业生，提供免费的人事劳动保障代理服务。

（9）加大人力资源市场监管力度，严厉打击招聘过程中的欺诈行为，及时纠正性别歧视和其他各类就业歧视。加大劳动用工、缴纳社会保险费等方面的劳动保障监察力度，切实维护高校毕业生就业后的合法权益。

⑤ 江西省高校毕业生"留赣就业"情况如何？

2021 年，江西省委压实工作责任，创新服务方式，千方百计抓好高校毕业生就业工作，2021 届高校毕业生去向落实率为88.36%，较上年增长 8.85 个百分点，比全国平均落实率高 2.76个百分点。全省高校 2021 届毕业生留赣就业总数为 16.82 万人，完成"就业和留赣"双提升任务。江西省高校 2021 届毕业生总数为 32.9 万人，比上一届增加 3282 人，创历史新高。留赣就业率高达 57.65%，与 2020 届相比，留赣就业绝对人数增加 2.7万人，留赣率提高 2.32 个百分点。江西省 2023 届高校毕业生人数达到 45.7 万人，同比增加 8.3 万人。

据了解，江西省要求各地各高校要千方百计促进市场化就业，深入开展高校书记、校长访企拓岗促就业专项行动，实施"万企进校园计划"，全面推广使用国家大学生就业服务平台，充分发挥中小企业吸纳就业作用，支持自主创业和灵活就业。同时，用足用好各类政策性岗位，配合有关部门优化政策性岗位招录安排，积极拓宽基层就业空间，鼓励更多毕业生报考重点领域和一线岗位，做好大学生征兵工作。

江西省还要求各校将省情、红色基因传承等元素融入就业指导教育中，让学生了解江西、热爱江西，增强服务江西的意愿，引导毕业生从实际出发选择职业和岗位，用好"互联网＋就业"新模式，坚决保护毕业生就业权益。做好毕业生留赣就业工作，引导鼓励毕业生到重点地区、重大工程、重要领域，特别是江西省优势行业、支柱产业、领航企业就业。

此外，江西省将健全就业公共服务体系，强化招聘信息服务、能力提升服务、人才流动服务，提高对接匹配效率。加强就业兜底帮扶，将困难毕业生情况掌握到位、就业帮扶举措落实到位、相关院校支持到位。完善劳动者权益保障制度，切实提高毕业生维权意识，为毕业生提供公平有序的就业环境。

6 **江西省离校未就业的高校毕业生享受哪些服务和政策？**

江西省各地人社部门集中开展推介公共就业服务相关活动，为未就业毕业生等青年提供求职指引和便利，并对登记失业青年信息进行全面摸排，形成登记失业青年实名台账。同时，省人社厅建立了 2023 届未就业毕业生实名台账，入库一体化信息系统并分发各地人社部门。

为促进高校毕业生等青年早就业快就业，江西省将全面推进各项就业政策落实落地，高频次举办招聘服务活动，做到月月有活动、周周有招聘、时时有岗位。

7 **高校毕业生留赣就业优惠政策有哪些？（以南昌为例）**

根据《关于支持大学毕业生和技能人才来昌留昌创业就业的实施意见》（洪发 [2024]51 号，简称南昌新"人才 10 条"）主要举措如下。

（1）支持青年人才在昌创业就业。按照学历层次，给予来昌创业就业的全日制本科及以上学历的大学生和高级技师、技师相应生活补贴。

（2）支持青年人才安居乐业。通过前期免费住宿、中期租房过渡、后期安家购房三个阶段，为青年人才来昌求职和在昌工作提供安居保障。

（3）支持驻昌企业提供就业岗位。每年在全市组织征集 20 万个以上就业岗位，开展各类招聘活动，并按照引进人才学历层次给予用人单位供岗补贴。

（4）支持博士后在昌入站并留昌就业。通过对新获批的国家级、省级、市级博士后科研工作站（创新实践基地、创新中心）给予建站补贴，对在昌入站和留昌、来昌博士后给予科研资助和生活补助，吸引更多博士后来昌入站和工作。

（5）支持企事业单位引育高层次人才。结合南昌市高层次人才分类认定，在子女就学、配偶随迁、医疗保健等方面给予相关配套政策。对南昌市重点企业和单位引进的紧缺急需人才，按照"一人一策"给予支持。

（6）支持引进人才创新团队。按照人才创新团队水平和项目内容，对人才创新团队进行分类，按照类别给予相应的项目扶持、安家补贴，给予大学生获奖创新项目资助，吸引各类人才创新团队来昌开展科技攻关和成果转移转化。

（7）支持人才创业团队来昌创办企业。按照人才创业团队的人才层次、技术水平、投资力度等，对人才创业团队进行分类，按照类别给予相应创业扶持、贴息贷款、安家补贴、办公场所，吸引各类人才创业团队来昌创办企业。

（8）支持创新平台建设。对南昌市新获批的国家级创新平台、省级创新平台和市级创新平台给予相应经费支持。支持年营收3亿元以上工业企业建立研发机构，推进年营收1亿元以上工业企业普遍建立研发机构。对获批组建的国家实验室、大科学装置、省实验室按照"一事一议"给予政策支持。

（9）支持新型研发机构转型。加强对新型研发机构的考核管理，同时支持企业、高校、科研院所合作共建新型研发机构，并推动龙头企业研发中心认定为新型研发机构,成立新型研发机构联盟,助推科研成果转移转化。

（10）支持兑现人才政策便捷高效。依托"昌通码"小程序"优惠政策直达"应用场景,通过人才诚信申报、用人单位审核、系统智能审批,实现生活补贴、租房补贴、购房补贴等人才政策"免批秒兑"和人才政策"一网查询"。优化兑现平台功能,建立健全工作机制,不断提升人才服务水平,确保人才资金兑付安全。

⑧ 高校毕业生如何进入新兴行业?

全球化智库和腾讯青年发展委员会最新联合发布的《新就业形态下中国新职业青年发展报告》显示,2021—2025年互联网营销师、企业合规师、人工智能训练师等20种新职业人才缺口接近1.2亿人。数字经济的迅速发展及数字化转型带动新业态、新需求涌现,加之人工智能、大数据等数字技术推动产业数字化转型,带来了大批的新职业。《新职业在线学习平台发展报告》显示,新职业人才需求规模庞大,到2025年,预计人才需求超3000万。其中,人工智能人才需求近500万、物联网安装调试员需求近500万、数字化管理师人才缺口近千万。未来毕业生在新就业形态中可以获得较广泛的发展机会。

但是由于存在时间较短,新职业在发展过程中存在一些不足,比如有的职业标准不明确、职业维权不畅通、职业前景不清晰、职业发展不稳定等。不同于传统就业模式,新职业多是"以任务为导向",用工单位通过平台随机向劳动者派发任务,劳动者没有相对固定的工作时间、工作场所以及稳定的业缘关系，客户渠道难找，也几乎是所有新兴职业的通病。《新职业发展趋势白皮书》调查也显示，部分新职业从业者合法权益难获保障，职业生涯呈现流动性和不确定性较高等特征。新职业待遇和保障呈现整体收入水平较高、内部收入分化明显。因此，高薪并不是所有新职业的通用特征，它集中在前沿技术岗位上。

毕业生"零基础"入行新职业。首先，要了解一些新职业的工作内容是什么，收入情况是怎样的，在此基础上做初步的判断。其次，是实际接触业内人士，由于每个人的情况都不一样，业内的信息往往会更加可靠，因此要去找专业人士来咨询。最后，经过调研亲身进行实践，毕业生只有去体验和尝试了才能确定新职业是否是适合自己的职业赛道，通过实习的方式多体验，有效的实践不仅能帮助学习技能的提高，还可以直观地感受自己到底是否适合。

⑨ 高校毕业生到企业特别是中小企业就业可否在当地落户？

按照《国务院办公厅关于做好 2014 年全国普通高等学校毕业生就业创业工作的通知》（国发〔2014〕22 号）、《国务院办公厅关于做好 2013 年全国普通高等学校毕业生就业工作的通知》（国办发〔2013〕35 号）文件规定，要简化高校毕业生就业程序，消除其在不同地区、不同类型单位之间流动就业的制度性障碍。切实落实允许包括专科生在内的高校毕业生在就（创）业地办理落户手续的政策（直辖市按有关规定执行）。

省会及以下城市要放开对吸收高校毕业生落户的限制，简化有关手续，应届毕业生凭《普通高等学校毕业证书》、《全国普通高等学校毕业生就业报到证》、与用人单位签订的《就业协议书》或劳动（聘用）合同办理落户手续；非应届毕业生凭与用人单位签订的劳动（聘用）合同和《普通高等学校毕业证书》办理落户手续。高校毕业生到小型微型企业就业、自主创业的，其档案可由当地市、县一级的公共就业人才服务机构免费保管。办理高校毕业生档案转递手续，转正定级表、调整改派手续不再作为接收审核档案的必备材料。

⑩ 高校毕业生撰写简历有哪些注意事项？

（1）简历在布局上有讲究

简历的模块化很重要，模块之间边界清晰有助于 HR（人力资源管理人员）的阅读。模块化的前提是内容逻辑的清晰，各模块要形状一致，整体边界对齐。简历中的字体一般使用宋体或微软雅黑，大小可以适当变化，有利于 HR 抓取线索，行距为 1.5 倍。

（2）简历撰写还有哪些需注意的细节

很多求职人员在简历的设计上花费很多心思，但是还可能因为细节问题，导致功亏一篑，例如：是否有错别字，不要成为减分项；照片选择要恰当，不要成为否决项；联系方式一定要正确，确保不停机、不关机，接听及时且有礼貌。

（3）怎样使实践经历成为简历上的亮点

实践经历包括实习经历等，可以体现自身技能、素质、性格等要素。核心要点是：不要写空泛的职责，而是尽可能地体现具体的工作任务。在描述工作任务的时候尽量使用（形容词）动词＋名词，例如：（迅速）组织团队成员、（主动）提出个人建议。描述结果的目的是突出程度或者水平，在描述的时候要注意数量化或者具体化。例如：完成 5000 份问卷调查、减少了客户咨询电话的等待时间。

（4）怎样在简历中体现自己与意向岗位相匹配的部分

在较为了解企业情况和岗位需求的基础上，明晰企业的择人标准和考量维度，建议通过以下几个方面来"对号入座"。

①自己的性格：行为风格和特征。企业关注的是性格与目标岗位是否合适。

②职业价值观：期望从工作中得到什么。企业关注的是价值观与企业文化是否匹配。

③心理素质：能够产生工作结果的心理素质。企业关注的是责任心、主动性、同理心、抗压性。

④专业技能：跟岗位的核心工作高度相关的技能，比如英语秘书，专业技能就是英语口译。

⑤通用技能：跟职场密切相关的技能，比如秘书，通用技能就是 PPT 制作。很多专业性门槛较低的岗位，会重点考查这个类型的技能。

简历中体现的重点信息应与你所投递的岗位相匹配，不同的企业、岗位关注的重点会有所区别，所以针对不同的岗位应对简历所体现的重点有所调整。让 HR 能快速地"搜寻"到自己想要的重点。

11 为什么有的企业校招要进行职业测评？

在面试开始之前，大公司一般都会要求候选人完成在线测评，这些测评有限时的也有不限时的，有时候甚至有一两百道题目需要完成。这些测评通常可以分为智力测评、专业测评和心理测评。

智力测评一般与公务员笔试内容中的行政职业能力测验内容相似，这部分题目在企业的在线测评中需要计时，也有标准答案。智力测评检验的是你的通识能力，包括逻辑推理、言语理解等。

因为智力测评与行政职业能力测验内容相近，大家可以在网上搜索行政能力测验的做题技巧，尤其是其中的逻辑推理和资料分析部分，可以较快与未准备过的求职者拉开差距。

专业测评和所应聘岗位的专业性有关，题型多样化，计时答题。但由于对求职者专业方面的考量在后续面试中会涉及，因此专业测评出现得较少，一般是大型企业为了提高招聘效率会使用专业测评。智力测评和专业测评属于知识能力测验，换句话说，这部分内容其实是企业将过去的笔试电子化了。通过专业测评与掌握业务方向面试一样，主要是在生活学习中掌握并提高自己的专业水平。

剩下不计时的题目就是心理测评，心理测评可以分为性格测评、职业倾向测评、心理健康测评等。其中心理健康测评，通常使用 MMPI（明尼苏达多相人格测验），这项测评若不通过是很有可能被淘汰的，其他如职业倾向测评、人格测验的测验结果类型不能太偏离你所应聘岗位的特点，如你应聘销售岗，但你所选择的选项体现内向、不善交流这类词语，那你可能会在这个环节被淘汰。通常题库包含的量表还会有：艾森克人格测验、卡特尔16PF、MBTI 职业性格测试、霍兰德职业测评……心理测评部分大多数试题测评题目导向较强，根据题目就可猜到出题者意图。虽然题目要求求职者根据直觉选择，但建议思考几秒，会更容易达到自己期望的水平。

通过智力测评和专业测评，可以了解你的智商水平、通识能力、专业水平；根据心理测评，可以了解你的人格特质、行事方法是否与企业文化、应聘岗位的要求匹配。比如管培生的培养目的是未来领导人，那么企业希望在你的测评中能看到领导能力。

每家企业对测评结果的采纳使用情况不同，有的企业要求智力测评分数要求达到某及格线之上，心理测评只作为参考依据，而有的企业会将心理测评也作为筛选依据。因此不同企业对测评的重视程度是不同的，不能掉以轻心。

12 高校毕业生在面试前需要做哪些准备？

面试前的准备工作对整个面试的顺利开展起着至关重要的作用。面试准备工作的好坏，不仅直接影响求职者在面试官心中的印象，甚至会影响整个面试的效率和质量。

（1）资料准备。提前准备 1 份个人简历，以备不时之需，也可在面试前重温简历，让自己在应答中更胸有成竹。其他要准备的资料包括笔、照片、证书等。如果应聘的是与设计、编辑、文案、产品相关的工作，还要准备一些可展示个人专业能力的作品作为补充材料，提升自己的应聘竞争力。

（2）信息准备。面试前，要对行业、单位、岗位、面试安排等信息做充分的了解。关于行业信息，要准备的内容可包括这个行业有什么特点，行业当前面临的挑战与今后的趋势，自己为什么适合这个行业，自己能发挥怎样的作用等。至于有关单位的信息，应了解应聘单位在行业中的位置，近年的发展动态、业务领域，单位的文化、主要业务、产品等。岗位的信息准备，可包括应聘岗位的主要职责、工作内容，岗位对学历、工作经历的要求，岗位有什么特殊的技能要求等。相信经过这一系列的准备，面试时更能应答如流。

（3）问答准备。面试一般分为单独面试、集体面试、无领导小组面试、情景式面试等，但一些常规问题肯定都会在各种面试中出现，如自我介绍、为什么来应聘这个岗位、自己的优缺点是什么、自己的职业规划是怎样的、期望的薪资是多少等。在准备过程中，要尽量将个人情况与岗位要求相结合。此外，面试官可能还会问一些看似无关紧要的问题，比如你是哪里人，父母从事什么职业，还有什么要问的吗。提出这些问题的初衷是想知道求职者的稳定性、专业性、价值观是否匹配岗位要求，同时，考查求职者的临场应变及压力应对能力等。

（4）形象准备。无论哪种面试，第一印象都是非常重要的。心理学家指出，我们在别人心目中的印象，一般于15秒内形成。因此，面试前要打造好自己的职业形象，以便在短时间的面试中，尽量在各个环节为自己加分。可根据应聘单位的性质、职位类别、行业特点来选择着装，以表现出对面试官及面试的尊重和重视。除了着装外，还要对动作、语调等"形象"进行准备。建议在面试前着重模拟练习一下仪态、语言表达，注意坐姿、表情、神态，做到用眼光真诚交流，避免出现一些不必要的小动作；要控制好语气和语速，让自己的声调听起来流畅自然、充满自信，音量适中。

（5）能力准备。不管应聘的是哪类职位，一定要提前复习面试时可能会用到的专业技术和知识。例如：应聘影视后期制作，一定要熟悉简历中提到的工具与技术，包括视频剪辑、包装软件等；应聘行政类工作的，要加强办公自动化、复杂表格制作、PPT 制作等的学习。

（6）不要忘了确定面试时间、地点等信息，以便提前规划好路线；确定面试联系人，便于沟通信息；提前了解面试的流程、形式，做到心中有数；面试当天尽可能提前 10 分钟到，便于事先了解、熟悉用人单位的环境。

⑬ 高校毕业生参加集体面试要注意什么？

很多大中型企业在招聘应届毕业生时，常会采用集体面试的方式，涉及的招聘岗位大多为销售、客服、管理等。集体面试又称群面，一般出现在初试环节，多采取"多对多"的形式，即由 1 位以上的面试官，同时出席对多位应聘者的考察。

集体面试最重要的是"吃透"招聘广告，把握好将要扮演的职场角色要求。一切以集体利益为重，应当指出的是，无领导小组讨论一般没有标准答案，也没有绝对的最好，只有相对的比较好，因为招聘单位只想通过这个方法发现整体素质最好的那个人，这就需要应聘者掌握好"火候"。首先你得意识到自己是小组中的一员，一切得以集体利益为重。小组面试中，相信任何人都想抓住机会多发言，但如果为了表现自己而在讨论中对其他成员的意见横加指责或无理驳斥，甚至恶语相向，这无异于给自己贴上了出局的标签。换句话说，在面试时表现自己，应该建立在避免和其他人发生争执的基础上。

集体面试时，大胆开口发言是第一步。在大家都对问题进行思考的过程中，应尽快理清思路，抢先用精练的语言表达出来，一定要言之有物。在其他人发言时，要注意倾听，并迅速记录下要点，最好能加以分析。如果在讨论结束时拿出一份整理好的讨论纪要，你无疑会成为团队中对工作最有心的那个人。抱着积极主动的态度参与到集体面试中，千万不要过多考虑自己在团队中的角色。

除此之外，还有一种集体面试即多位主考官面试 1 位应聘者。对于这种面试，求职者在说话时要注意眼神的交流。

⑭ 高校毕业生面试谈薪时要注意什么？

（1）了解薪资构成

基本工资：月薪，一般指税前工资。

奖金：绩效奖励、季度奖励、年终奖。

五险一金：询问社保和公积金缴纳比例，员工和用人单位应当各承担一定比例。

补贴：住房、餐饮、交通等补贴。

弹性福利：电影票、购物卡、月饼券、健身卡……

（2）了解间接报酬

工作内容：工作是否有价值？是否可以为自己增值？

职业发展：工作前景如何？未来发展如何？

企业文化：工作氛围如何？公司价值观如何？

公司规模：通过组织架构了解其性质，核心业务、盈利模式。

晋升机会：晋升制度是否规范合理。

15 高校毕业生面试谈薪时可能遇到哪些陷阱？

（1）工资面议陷阱

如果没有将"工资面议"结果写入劳动合同，就意味着当双方就工资标准发生争议时，只能依靠证据来解决。如果主张高工资的劳动者一方不能提供证据，也不能证明相关证据由用人单位掌握管理，自然面临承担不利后果的风险。

（2）"干得好可以加薪"

"干得好可以加薪"中所指的"好"只是一个模糊的概念，在没有明确标准、条件的情况下，等于没有约定或者约定不明。因此，应聘者为了日后免被用人单位"算计"，应当事先要求明确"好"的标准、"可以加薪"的具体条件，并写入劳动合同。

（3）虚假薪资待遇

用人单位招聘时为增加自身吸引力，会对自身的经营规模、发展前景等进行夸大虚构，故意模糊招聘职位、薪资待遇，蒙蔽求职者。可通过工商注册信息、企业披露年报等了解用人单位的经营情况，判断各种薪资待遇有无兑现可能。

（4）试用期待遇陷阱

在法律关系上，试用期员工与转正员工受到劳动法律法规同等保护。试用期的工资水平应不低于单位相同岗位最低档工资或者不低于劳动合同约定工资的80%，并不低于当地最低工资标准，用人单位也应为劳动者正常缴纳社保。

（5）不缴或欠缴社会保险

一些用人单位拒绝为劳动者缴纳社会保险，或者低于法定的缴费基数为劳动者缴纳社会保险，导致劳动者身患疾病无法享受医保待遇、发生工伤无法享受工伤赔偿……面对企业让劳动者自愿放弃社保缴纳的情形，劳动者应当拒绝。

（6）违法乱扣工资

很多单位对于或违规违纪的人，采取扣款处理，有些属于违法扣款，如请假扣3倍工资，员工辞职单位扣工资等。属于浮动绩效工资、奖金的部分，在双方合同具体约定的情况下才可以扣除。而且扣除后的工资不得低于当地最低工资标准。

16 高校毕业生在直播中应聘有哪些注意事项？

直播招聘线上考核非常依赖网络条件，所以毕业生在直播应聘时，要调试好设备，确保网络通畅，做好多种备案，以防突发情况。由于直播的特点需要即时反馈，如果不善于在镜头前表达自己，可以提前练习。对于网络延迟、话筒音量不合适等，都要提前调试，做好预案。

直播招聘结果不理想常见的原因包括：求职者准备不足；求

职者对用人单位不了解；应聘者简历不合适；面试官不能准确判断应聘者能力。以上几个因素都可能会造成直播招聘结果不理想。因此，在使用直播招聘平台求职前一定要仔细阅读职位介绍和面试指南，对自己进行充分测试。

此外，直播招聘模式在招聘领域仍属于新模式，其流程的标准化、规范化仍有待完善。毕业生在享受求职便捷的同时，仍要做个"有心人"。对直播中企业所谈到的内容，尽可能通过其他渠道多方面求证和了解，然后做出最终选择。尽量不要将直播中了解到的企业情况作为唯一参考。而且直播中很多内容都是一闪而过，必要时求职者可以对企业给出的信息进行截图保存。虽说是直播应聘的形式，但企业与劳动者之间的权利义务，最终仍是以双方签订的劳动合同上载明的内容为准，因此求职者要尽快订立劳动合同、不留空白条款，并确认企业在直播中给出的承诺是否都落实到劳动合同中。

⑰ 高校毕业生如何获取校招信息？

校园招聘是用人单位直接从学校招聘应届毕业生，通过在校园网上发布信息、校园招聘会、校园宣讲和答疑等形式与毕业生直接对话，发现和选聘人才的一种招聘形式。对于企业来说，校园招聘活动具有发现人才和企业品牌营销的双重功能，因此，不少企业对校招都很重视，也会面向毕业生放出大量岗位。对于毕业生来说，在校园招聘中，一个人的潜力、可塑性才是公司最看重的，对于经验方面不会有太多要求，可以说，校园招聘是应届生求职的最佳机会。

（1）利用学校资源

学校与一些单位会有密切的联系，企业也会根据用人需求与目标院校进行洽谈，因此学校的招聘信息对本校学生更有针对性，可以关注学校的就业指导网站、公众号，获取招聘、双选会和宣讲会的信息。此外，学校还会搭建平台，举办线下宣讲会、招聘会，可以与用人单位面对面交流，有效获取企业的一手信息。有些学校会推出就业指导课程、简历修改、模拟面试等指导活动，帮助毕业生提高求职技能。学校就业部门是毕业生就业工作的核心，毕业生一定要利用好学校提供的就业资源。

（2）利用社会网络资源

互联网上的信息繁杂多样，却是毕业生获取求职信息最主要的渠道之一。大型招聘网站上有海量招聘信息，可以按照地理位置、工资要求、岗位名称等因素进行筛选，找到适合自己的职位；有针对性地关注企业官网、官方微信等信息发布渠道，获取最新招聘信息，了解企业文化、发展规划和未来方向；通过社交媒体、职业社区等则可以获得一些员工评价和反馈等信息，同时能够互相交流经验；此外还可以通过网络搜索、行业报告等获取行业数据，了解行业信息和发展趋势。

（3）利用人脉关系资源

可以积极与同学、老师、亲友，曾经实习的同事、学长、校友等联系，获取更真实的招聘信息和公司内部情况，亲友帮忙内推的求职成功率通常比较高。同时还应多与行业内的人士交流，了解行业情况，拓展自己的人脉。

18 什么是灵活就业？

目前的灵活就业，分为与用人单位不签订任何劳务合同的工作形式和自由职业。其"灵活性"主要体现在：工作方式和时间灵活；无合同，劳资双方灵活协商；报酬不固定，取决于就业者的能力及工作时间。但是，社会保障制度不够完善。简单来说，灵活就业就是一种自由度较高的非合约式就业。

2022 年修订完成的《中华人民共和国职业分类大典（2022年版）》净增了 158 个新的职业。新职业、新业态的发展，让灵活就业的形式更加丰富多样。全职陪诊师、代厨、整理收纳师等新职业作为年轻人关注的焦点话题，频频见诸报端。以"数字游民"为例，其移动办公形式打破了以往传统的工作与工作地点、时间的强关联，模糊了工作、生活、休闲之间的界限，让人们最大限度地实现了工作空间和时间的自由。

19 高校毕业生灵活就业如何保障权益？

（1）办理就业登记

根据《就业服务与就业管理规定》第六十二条，劳动者从事个体经营或灵活就业的，由本人在街道、乡镇公共就业服务机构办理就业登记。灵活就业人员享受社会保险补贴，必须按规定进行就业登记。

（2）社会保险补贴

2020 年国务院发布了《关于支持多渠道灵活就业的意见》，

对就业困难人员、离校 2 年内未就业高校毕业生从事非全日制等工作的，按规定给予社会保险补贴，其中，高校毕业生的社保补贴期限最长不超过 2 年。

20 高校毕业生有哪些创业方式？（示例）

（1）网络创业。有效利用现成的网络资源，网络创业主要有两种形式：网上开店，在网上注册成立网络商店；网上加盟，以某个电子商务网站门店的形式经营，利用母体网站的货源和销售渠道。

（2）加盟创业。分享品牌金矿，分享经营诀窍，分享资源支持，采取直营、委托加盟、特许加盟等形式连锁加盟，投资金额根据商品种类、店铺要求、加盟方式、技术设备的不同而不同。

（3）兼职创业。即在工作之余再创业，教师、培训师可选择兼职培训顾问；业务员可兼职代理其他产品销售；设计师可自己开设工作室；编辑、撰稿人可向媒体、创作等方面发展。

（4）团队创业。具有互补性或者有共同兴趣的成员组成团队进行创业，团队创业成功的概率要远高于个人独自创业。

（5）大赛创业。即利用各种商业创业大赛，获得资金提供平台，如 Yahoo、Netscape 等企业都是从商业竞赛中脱颖而出的，因此也被形象地称为创业孵化器。

（6）概念创业。即凭借创意、点子、想法创业。当然，这些创业概念必须标新立异，至少在打算进入的行业或领域是个创举，只有这样，才能抢占市场先机，吸引风险投资商的眼球。

（7）内部创业。内部创业指的就是在企业公司的支持下，有创业想法的员工承担公司内部的部分项目或业务，并且和企业共同分享劳动成果的过程。

21 高校毕业生自主创业可以享受哪些优惠政策？

按照《国务院关于进一步做好新形势下就业创业工作的意见》（国发〔2015〕23号）、《国务院办公厅关于深化高等学校创新创业教育改革的实施意见》（国办发〔2015〕36号）等文件规定，高校毕业生自主创业优惠政策主要包括以下几个方面。

（1）税收优惠：持人社部门核发《就业创业证》（注明"毕业年度内自主创业税收政策"）的高校毕业生在毕业年度内（指毕业所在自然年，即1月1日至12月31日）创办个体工商户、个人独资企业的，3年内按每户每年8000元为限额依次扣减其当年实际应缴纳的营业税、城市维护建设税、教育费附加和个人所得税。对高校毕业生创办的小型微利企业，按国家规定享受相关税收支持政策。简化大学生创业流程，取消《大学生自主创业证》。

（2）创业担保贷款和贴息支持：对符合条件的自主创业的高校毕业生，可在创业地按规定申请创业担保贷款，贷款额度为10万元。鼓励金融机构参照贷款基础利率，结合风险分担情况，合理确定贷款利率水平，对个人发放的创业担保贷款，在贷款基础利率基础上上浮3个百分点以内的，由财政给予贴息。

（3）免收有关行政事业性收费：毕业2年以内的普通高校

毕业生从事个体经营（除国家限制的行业外）的，自其在工商部门首次注册登记之日起 3 年内，免收管理类、登记类和证照类等有关行政事业性收费。

（4）享受培训补贴：对高校毕业生在毕业学年（即从毕业前一年 7 月 1 日起的 12 个月）内参加创业培训的，根据其获得创业培训合格证书或就业、创业情况，按规定给予培训补贴。

（5）免费创业服务：有创业意愿的高校毕业生，可免费获得公共就业和人才服务机构提供的创业指导服务，包括政策咨询、信息服务、项目开发、风险评估、开业指导、融资服务、跟踪扶持等"一条龙"创业服务。各地在充分发挥各类创业孵化基地作用的基础上，因地制宜建设一批大学生创业孵化基地，并给予相关政策扶持。对基地内大学生创业企业要提供培训和指导服务，落实扶持政策，努力提高创业成功率，延长企业存活期。

（6）取消高校毕业生落户限制，允许高校毕业生在创业地办理落户手续（直辖市按有关规定执行）。

㉒ 高校毕业生自主创业可通过哪些培训来提升能力？

各高校要根据人才培养定位和创新创业教育目标要求，促进专业教育与创新创业教育有机融合，调整专业课程设置，挖掘和充实各类专业课程的创新创业教育资源，在传授专业知识过程中加强创新创业教育。面向全体学生开发开设创新创业必修课和选修课，纳入学分管理。

各地人力资源社会保障部门已形成一些成熟的创业培训模

式，如"GYB"（产生你的企业想法）、"SYB"（创办你的企业）、"IYB"（改善你的企业）。高校毕业生可选择参加创业培训和实训，并可按规定享受培训补贴，以提高创业能力。

23 高校毕业生如何获取创业贷款担保？

创业担保贷款，是指以具备规定条件的创业者个人或小微企业为借款人，由创业担保贷款担保基金提供担保，由经办此项贷款业务的银行业金融机构（以下简称经办银行）发放，由财政部门给予贴息，用于支持个人创业或小微企业扩大就业的贷款业务。创业担保贷款实行自愿申请、严格审批、到期归还的原则。

创业担保贷款根据对象分为两类：个人对象，是在劳动年龄内且个人信用记录良好的新创办3年以内的企业法定代表人或个体工商户个体经营者；单位对象，为吸纳重点人群就业并依法为其缴纳社保，单位信用记录良好，无拖欠职工工资、欠缴社会保险费等严重违反劳动法律法规行为的中小微企业（包括民办非企业）。新创办3年以内的个体工商户经营者可申请最高不超过50万元的创业担保贷款；新创办3年以内企业的法定代表人可申请最高不超过60万元的创业担保贷款。符合条件的中小微企业，贷款最高额度按"企业吸纳重点人群就业人数×20万元"计算，最高不超过500万元。具体贷款额度由经办银行根据借款人实际情况确定。创业担保贷款按照自愿申请、社区推荐、人力资源社会保障部门审查、贷款担保机构审核并承诺担保、商业银行核贷的程序，办理贷款手续。

中国人民银行、财政部、劳动和社会保障部等联合下发了《关于改进和完善小额担保贷款政策的通知》（银发〔2006〕5号），明确由各省、自治区、直辖市、计划单列市人民政府结合实际确定微利项目的范围。主要包括：家庭手工业、修理修配、图书借阅、旅店服务、餐饮服务、洗染缝补、复印打字、理发、小饭桌、小卖部、搬家、钟点服务、家庭清洁卫生服务、初级卫生保健服务、婴幼儿看护和教育服务、残疾儿童教育训练和寄托服务、养老服务、病人看护、幼儿和学生接送服务等。对于从事微利项目的，贷款利息由财政承担50%（中央财政和地方财政各承担25%，展期不贴息）。

24 高校毕业生创业可以享受哪些税收优惠政策？

高校毕业生属于税收优惠政策扶持的重点群体，按照政策规定，自2023年1月1日至2027年12月31日，重点群体人员从事个体经营的，自办理个体工商户登记内3月起，在3年（36个月）内按每户每年20000元为限额依次扣减其当年实际应缴纳的增值税、城市维护建设税、教育费附加、地方教育附加、个人所得税。限额标准最高可上浮20%。各省、自治区、直辖市人民政府可根据本地区实际情况在此幅度内确定具体的限额标准。享受条件：年度应缴纳税款大于规定扣减限额的减免税额以上述扣减限额为限；年度应缴纳税款小于规定扣减限额的减免税额以实际缴纳税款为限。

相关政策规定请查阅《关于进一步支持重点群体创业就业有

关税收政策的公告》（财政部、税务总局、人力资源社会保障部、农业农村部公告 2023 年第 15 号）。

㉕ 江西省高校毕业生如何申领一次性创业补贴？

根据《江西省人民政府办公厅印发关于更大力度实施积极财政政策稳住经济发展若干财政措施的通知》（赣府厅字〔2022〕53 号），2022 年 12 月 31 日前在省内办理小微企业或个体工商户登记，稳定经营 6 个月以上且未在其他渠道就业的 2022 届高校毕业生，可进行申领。对创办小微企业或从事有雇工个体经营的，按 10000 元的标准发放一次性创业补贴；对从事无雇工个体经营的，按 5000 元的标准发放一次性创业补贴。

（1）申领流程

符合条件的 2022 届高校毕业生，可通过江西人社网上办事大厅、赣服通"人社专区"或线下人社大厅窗口，向小微企业或个体工商户登记地的县级人力资源社会保障部门申领一次性创业补贴；当地人力资源社会保障部门审核同意后，按规定将补贴资金支付到申领人银行账户。

（2）申领材料

申领一次性创业补贴，应当提交以下材料。

①创办小微企业的：本人身份证、毕业证、营业执照或民政部门核发的民办非企业法人登记证书、就业创业证、企业财务报表、劳动合同或员工工资支付凭证、《江西省大学生一次性创业补贴申请审批表》。

②从事有雇工个体经营的：本人身份证、毕业证、个体营业执照、就业创业证、进货单、销售明细表或服务清单、雇工合同或用工协议、雇工工资支付凭证、《江西省大学生一次性创业补贴申请审批表》。

③从事无雇工个体经营的：本人身份证、毕业证、个体营业执照、就业创业证、进货单、销售明细表或服务清单、《江西省大学生一次性创业补贴申请审批表》。

以上申领材料信息，通过江西人社一体化综合信息系统能够数据共享获取及核验的，申领人无须提交相应的纸质材料。

26 江西创业就业人才如何领取购房补贴？（以南昌为例）

根据《关于支持大学毕业生和技能人才来昌留昌创业就业的实施意见》（洪发〔2020〕9号）文件内容，在南昌工作的重点产业企业人才、研发机构人才以及南昌市引进的人才，不受落户限制，均可在南昌市辖区内购买首套自住商品住房。对在南昌创业且稳定经营2年以上或在南昌就业且与企业（不含行政机关、事业单位和国有企业）签订劳动合同，并在南昌缴纳社保满2年的全日制博士、硕士研究生（含高级技师），在南昌首次购买商品住房的，分别给予10万元、6万元购房补贴。购买产权型人才住房的，不能同时享受本购房补贴政策。享受购房补贴的人才自取得房屋权属证书满5年后，所购住房方可进行产权转让。

27 高校毕业生如何到基层就业？

基层就业就是到城乡基层工作。国家近几年出台了一系列优惠政策鼓励高校毕业生积极参加社会主义新农村建设、城市社区建设等。一般来讲，"基层"既包括广大农村，也包括城市街道社区；既涵盖县级以下党政机关、企事业单位，也包括社会团体、非公有制组织和中小企业；既包含单位就业，也包括自主创业、自谋职业。

中央各有关部门主要组织实施了四个引导高校毕业生到基层就业的专门项目。包括：大学生志愿服务西部计划，是由团中央、教育部、财政部、人力资源社会保障部等四部门从 2003 年起组织实施的；"三支一扶"（支教、支农、支医和扶贫）计划，是由中组部、人力资源社会保障部、教育部等八部门从 2006 年开始组织实施的；教师特设岗位计划，是由教育部、财政部、人力资源社会保障部、中央编办四部门从 2006 年开始组织实施的；选聘高校毕业生到村任职，是由中组部、教育部、财政部、人力资源社会保障部等部门从 2008 年起组织实施的。

28 高校毕业生到基层就业有哪些优惠政策?

根据教育部高校学生司、教育部学生服务与素质发展中心发布的《普通高校毕业生基层就业政策公告》中,鼓励毕业生到基层就业主要优惠政策包括以下内容。

(1)对高校毕业生到中西部地区和艰苦边远地区基层单位就业、履行一定服务期限的,按规定给予学费补偿和国家助学贷款代偿。

(2)结合政府购买服务工作的推进,在基层特别是街道(乡镇)、社区(村)购买一批公共管理和社会服务岗位,优先用于吸纳高校毕业生就业。

(3)艰苦边远地区基层机关招录高校毕业生可适当放宽学历、专业等条件,降低开考比例,可设置一定数量的职位面向具有本市、县户籍或在本市、县长期生活的高校毕业生。

(4)艰苦边远地区县乡事业单位公开招聘高校毕业生可适当放宽年龄、学历、专业等条件,可以拿出一定数量岗位面向本县、本市或者周边县市户籍人员(或者生源)招聘;乡镇事业单位招聘本科以上高校毕业生、县级事业单位招聘硕士以上高校毕业生,以及招聘行业、岗位、脱贫攻坚急需紧缺专业高校毕业生,可以结合实际情况,采取面试、直接考察的方式公开招聘;可以根据应聘人员报名、专业分布等情况适当降低开考比例,或不设开考比例,划定成绩合格线。

29 高校毕业生在基层就业后，如何获得学费补偿和助学贷款代偿？

按照《关于调整完善国家助学贷款相关政策措施的通知》（财教〔2014〕180号）、《财政部、教育部关于印发〈高等学校毕业生学费和国家助学贷款代偿暂行办法〉的通知》（财教〔2009〕15号）等文件规定，中央部门所属高校应届毕业生〔全日制本专科（含高职）、研究生、第二学士学位毕业生〕到中西部地区和艰苦边远地区基层单位就业、服务期在3年以上（含3年）的，其学费由国家实行补偿。在校学习期间获得国家助学贷款（含高校国家助学贷款和生源地信用助学贷款，下同）的，补偿的学费优先用于偿还国家助学贷款本金及其全部偿还之前产生的利息。定向、委培以及在校期间已享受免除全部学费政策的学生除外。

国家对每名毕业生每学年补偿学费或代偿国家助学贷款的金额，本专科生每生每年最高不超过12000元，研究生每生每年最高不超过16000元。超出标准部分不予补偿、代偿或减免。在校学习期间每年实际缴纳的学费或用于学费的国家助学贷款低于补偿代偿标准的，按照实际缴纳的学费或用于学费的国家助学贷款金额实行补偿代偿。每年实际缴纳的学费或用于学费的国家助学贷款高于补偿代偿标准的，按照标准实行补偿代偿。学费补偿或国家助学贷款代偿的年限，分别按照国家规定的相应学制计算。

30 高校毕业生获得国家补偿学费和代偿助学贷款的条件有哪些？

　　国家对到中西部地区和艰苦边远地区基层单位就业，并履行一定服务期限的中央部门所属高校毕业生，按规定实施相应的学费补偿和助学贷款代偿，每年补偿学费或代偿国家助学贷款总额的 1/3，分 3 年补偿代偿完毕。

　　这里涉及的地域范围主要包括西藏、内蒙古、广西、重庆、四川、贵州、云南、陕西、甘肃、青海、宁夏、新疆、河北、山西、吉林、黑龙江、安徽、江西、河南、湖北、湖南、海南等省；艰苦边远地区是指由国务院确定的经济水平、条件较差的一些州、县和少数民族地区（详情可登录中国政府网查询：http://www.gov.cn）。

　　基层单位是指中西部地区和艰苦边远地区县以下机关、企事业单位，包括乡（镇、街道）政府机关、农村中小学、国有农（牧、林）场、农业技术推广站、畜牧兽医站、乡镇卫生院、计划生育服务站、乡镇文化站等，以及工作现场地处中西部地区和艰苦边远地区县以下的气象、地震、地质、水电施工、煤炭、石油、航海、核工业等中央单位艰苦行业生产第一线。县级以上（含县级）各局（委员会、办公室）、高等学校、公安机关支队级以上（含支队级）等不属于基层单位，金融、通讯、烟酒、飞机及列车乘务、房地产及其相关产业等特殊行业，不属于基层单位。

31 高校毕业生如何参与大学生志愿服务西部计划?

大学生志愿服务西部计划是由共青团中央牵头，教育部、财政部、人力资源社会保障部共同组织实施的。该项计划从 2003 年开始实施，按照公开招募、自愿报名、组织选拔、集中派遣的方式，每年招募一定数量的普通高等学校应届毕业生或在读研究生，到西部基层开展为期 1~3 年的志愿服务工作，鼓励志愿者服务期满后扎根当地就业创业。

西部计划按照服务内容分为基础教育、服务"三农"、医疗卫生、基层青年工作、基层社会管理、服务新疆、服务西藏 7 个专项。主要服务地区包括河北、山西、内蒙古、吉林、黑龙江、安徽、江西、河南、湖北、湖南、广西、海南、重庆、四川、贵州、云南、西藏、陕西、甘肃、青海、宁夏、新疆和新疆生产建设兵团，共 22 个省（区、市）。西部计划志愿者服务期具有一定的灵活性，首次签约期为 1 年或 3 年。签约 1 年的志愿者在服务期满后可以于下一年度的 3 月向服务县项目办提出延期服务申请。可通过微信公众号"西部志愿汇"（菜单栏中的"我要报名"）或登录西部计划官网（http://xibu.youth.cn），在西部计划报名系统中进行注册报名，具体可咨询所在高校团委。

32 高校毕业生参与大学生志愿服务西部计划有哪些优惠政策?

（1）服务 2 年以上且考核合格的，服务期满后 3 年内报考硕士研究生的，初试总分加 10 分，同等条件下优先录取。

（2）参加西部计划项目前无工作经历的志愿者，服务期满且考核合格后 2 年内（研究生支教团志愿者自研究生毕业时开始计算），在参加机关事业单位考录（招聘）、各类企业吸纳就业、自主创业、落户、升学等方面可同等享受应届高校毕业生的相关政策。

（3）按规定符合相应条件的，可享受相应的学费补偿和助学贷款代偿政策。

（4）服务期满考核合格的，依实际服务年限计算服务期及工龄（参加工作时间按其到基层报到之日起算），并在服务证书和服务鉴定表中体现。

（5）服务期满 1 年且考核合格后，可按规定参加职称评定。出省服务的和在本省服务的志愿者享受同等优惠政策。

（6）西部计划志愿者在服务期间，志愿者保险由全国项目办统保，险种为大学生志愿服务西部计划志愿者综合保障险。

（7）志愿者服务期间由中央财政给予一定补贴，补贴金额根据志愿者所在地艰苦边远程度进行划分，所在服务单位按要求为志愿者提供免费住宿或住房补贴。服务地项目办或服务单位为志愿者购买社会保险，个人缴纳部分在岗位补贴里代扣代缴。

33 高校毕业生如何参与"三支一扶"计划?

"三支一扶"是指大学生在毕业后到农村基层从事支农、支教、支医和扶贫工作,计划的政策依据是国家人事部2006年颁布的第16号文件《关于组织开展高校毕业生到农村基层从事支教、支农、支医和扶贫工作的通知》。每年4月底前,各地收集、汇总、上报乡镇一级教育、农业、卫生等基层岗位需求信息;每年5月底前,各地根据下达的招募计划,采取考核或考试的方式进行公开招募;每年7月底前,派遣"三支一扶"大学生到服务单位报到。招募工作有一定比例的名额招募家庭经济困难的学生。工作时间一般为2年,工作期满后,自主择业,择业期间享受一定的政策优惠。部分地区服务期满考核合格可占编就业,在原岗位落实事业编,按事业单位公开招聘人员对待。

"三支一扶"招募对象主要为全国普通高校应届毕业生,学历要求大专以上。各地"三支一扶"考试报考条件并不一致,具体请关注各地人事考试网以及"三支一扶"招募网。服务期间,"三支一扶"大学生人事档案原则上统一转至服务单位所在地的县级政府人事部门,党团组织关系转至服务单位。对服务期间积极要求入党的,由乡镇一级党组织按规定程序办理。团县委要在每个接收"三支一扶"大学生的乡镇择优选拔1~2名条件适宜的大学生兼任乡镇团委副书记,并负责协调落实相关任职程序。服务期满考核合格的,经省级工作协调管理办公室审核,颁发由人事部统一印制的《高校毕业生到农村基层服务证书》,作为服务期满后享受相关就业优惠政策的依据。

34 高校毕业生参与"三支一扶"计划有哪些优惠政策？

（1）"三支一扶"计划服务期限一般为 2~3 年，工作期间给予一定的生活、交通补贴，统一办理人身意外伤害保险和住院医疗保险。上述费用及所需工作管理经费，由地方财政安排专项经费予以支付。

（2）原服务单位有职位空缺需补充人员时，优先考虑接收服务期满考核合格的"三支一扶"大学生。县、乡各类事业单位，有职位空缺需补充人员时，也应拿出一定职位专门吸纳这部分毕业生。服务期满自主创业的，可享受行政事业性收费减免、小额贷款担保和贴息等有关政策。应届毕业生自愿到国家需要的艰苦地区、艰苦行业基层工作，服务达到国家规定年限，并符合相应条件的，可享受国家助学贷款代偿政策。

（3）服务期满考核合格的"三支一扶"大学生，报考党政机关公务员的，可以通过适当增加分数以及其他优惠政策，优先录用。到西部地区和艰苦边远地区服务 2 年以上，服务期满后 3 年内报考硕士研究生的，初试总分加 10 分，同等条件下优先录取。对于已被录取为研究生的应届高校毕业生参加"三支一扶"项目的，学校应为其保留学籍。

（4）服务期满考核合格的"三支一扶"大学生，根据本人意愿可以回到原籍或到其他地区工作，凡落实了接收单位的，接收单位所在地区应准予落户。进入国有企事业单位的，由接收单位按照所任职务比照同等条件人员确定其职务工资标准；其服务期限，计算为工龄。在今后晋升中高级职称时，同等条件下优先评定。

35 江西省高校毕业生报考"三支一扶"计划有哪些要求?（以2023年为例）

（1）报考条件

根据《中共江西省委组织部 江西省人力资源和社会保障厅等十一部门关于实施第四轮高校毕业生"三支一扶"计划的通知》（赣人社发〔2021〕11号）精神，以下三类人员可以报考。

①江西生源（指在江西参加中考或高考）大专及以上学历高校毕业生。

②就读于我省普通高校（国家统一招生）取得本科及以上学历和相应学位的2023年应届毕业生和择业期内未落实工作单位的毕业生（不受江西生源身份限制）。

③我省高级技工学校、技师学院全日制高级工班毕业生，可视同大专学历报考；我省技师学院全日制预备技师班毕业生，可视同本科学历报考（不受江西生源身份限制）。

（2）招募条件

①具有中华人民共和国国籍；拥护《中华人民共和国宪法》，拥护中国共产党领导和社会主义制度；具有良好的政治素质和道德品行；具有正常履行职责的身体条件和心理素质；具有较强的吃苦和奉献精神，自愿到乡镇（农村）基层工作。

②年龄30周岁以下，即1993年5月（含）以后出生。

③符合招募公告中拟报考岗位所要求的学历、专业、户籍、职业资格等条件。

④限高校应届毕业生报考的岗位，报考人员须为通过全国统

一的高考、普通高校专升本考试或研究生入学考试，在国内普通高等学校或承担研究生教育任务的科研机构就读，且就读期间人事关系（个人人事档案、工资关系）和组织关系转入就读院校或科研机构，于 2023 年 8 月 31 日前毕业的 2023 届普通高校毕业生。除 2023 届普通高校毕业生外，择业期内未落实工作单位的普通高校毕业生（即国家统一招生的普通高校毕业生离校时和在国家规定的 2 年择业期内未落实工作单位，档案、组织关系等仍保留在原毕业学校或保留在各级毕业生就业主管部门、毕业生就业指导服务中心、各级人才交流服务机构和各级公共就业服务机构的毕业生）也可报考。

2023 届普通高校毕业生应以其即将获得的最高学历、学位，择业期内未落实工作单位的普通高校毕业生应以其毕业时获得的最高学历、学位报考"限应届毕业生"岗位。

非普通高等学历教育的其他国民教育形式（函授、自学考试、网络教育、夜大、电大、成人教育等）毕业生的考生身份均为非应届毕业生。

⑤岗位有户籍要求的，历届毕业生须于 2023 年 5 月底前具备该岗位要求户籍，2023 年应届毕业生须于入学前具备该岗位要求户籍。

⑥身体、时间等条件须能保证"三支一扶"两年服务期的完整性，并能胜任所报岗位的工作（如不能保证两年服务期的完整性或不能胜任岗位工作的，期满考核将评定为不合格，不享受期满考核合格人员的优惠政策）。

⑦自愿签署并遵守《2023 年江西省"三支一扶"人员登记表》所列个人承诺内容。

⑧有下列情形之一人员，不得报考：不符合招募岗位条件要求的人员；身份信息已录入全国"三支一扶"工作管理信息系统的人员和经省"三支一扶"办批复取得过"三支一扶"资格的人员；现役军人；在读的普通高校全日制非2023届毕业生；在各级公务员、事业单位考试和法律规定的其他国家考试中被认定有严重违纪违规行为尚在禁考期内的人员；因犯罪受过刑事处罚的人员和被开除中国共产党党籍、开除公职的人员，受到党纪政纪处分期限未满或者正在接受纪律审查的人员，正在接受司法调查尚未做出结论的人员；被依法列为失信联合惩戒对象的人员；法律法规规定不得报考的其他情形人员。

 36 高校毕业生如何参与农村义务教育阶段学校教师特设岗位计划？

农村义务教育阶段学校教师特设岗位计划（简称特岗计划），是由中央财政设立专项资金，用于特设岗位教师的工资性支出，通过公开招募高校毕业生到西部"两基"攻坚。引导和鼓励高校毕业生从事农村教育工作，到县以下农村义务教育阶段学校任教，创新农村学校教师补充机制，逐步解决农村师资总量不足和结构不合理等问题，提高农村教师队伍的整体素质。

中央与地方共同保障：中央财政设立专项资金，截至2020年，15年来，累计投入资金710亿元，用于特设岗位教师的工资性支出，由地方财政据实结算。中央财政支出不足部分由地方政府承担。省级财政负责统筹落实资金，用于解决特设岗位教师的地方性补贴、必要的交通补助、体检费和按规定纳入当地社会保障体系，享受相应的社会保障待遇应缴纳的相关费用，以及特设岗位教师岗前集中培训和招聘的相关工作等费用。同时，地方政府还要负责为特设岗位教师解决周转住房等生活条件。

鼓励特岗教师长期从教：鼓励特设岗位教师在 3 年聘期结束后，继续扎根基层从事农村教育事业。对自愿留在本地学校的，要负责落实工作岗位，将工资发放纳入当地财政统发范围，保证享受当地教师同等待遇。

特别激励措施：特岗教师服务期满、考核合格的考生，3 年内参加全国硕士研究生招生考试的，初试总分加 10 分，同等条件下优先录取。

37 高校毕业生参与农村教师特岗计划的招录情况如何？

2022 年中央"特岗计划"实施范围为：原集中连片特殊困难地区、中西部国家扶贫开发工作重点县和省级扶贫开发工作重点县，西部地区原"两基"攻坚县（含新疆生产建设兵团的部分团场），纳入国家西部开发计划的部分中部省份的少数民族自治州以及西部地区一些有特殊困难的边境县、少数民族自治县和少小民族县。

招录对象以高等师范院校和其他全日制普通高校应届本科毕业生为主，可招少量应届师范类专业专科毕业生。符合招聘岗位要求，具有相应的教师资格证书，应符合《中华人民共和国教师法》《教师资格条例》等法律法规规定的普通话水平、身体条件和心理条件。符合新时代中小学教师职业行为十项准则要求，无刑事犯罪记录和其他不得聘用的违法记录。取得教师资格，具有一定教育教学实践经验，年龄在 30 岁以下的全日制普通高校往届本科毕业生，参加过"大学生志愿服务西部计划"、有从教经历的志愿者和参加过半年以上实习支教的师范院校毕业生同等条件下优先。报名者应同时符合教师资格条件要求和招聘岗位要求。

38 高校毕业生参与农村教师特岗计划的招聘流程有哪些？

特岗教师实行公开招聘，合同管理。合同规定用人单位和应聘人员双方的权利和义务。

招聘工作由省级教育、人力资源社会保障、财政、编办等相关部门共同负责，遵循"公开、公平、自愿、择优"和"三定"（定县、定校、定岗）原则，按下列程序进行：①公布需求；②自愿报名；③资格审查；④考试考核；⑤集中培训；⑥资格认定；⑦签订合同；⑧上岗任教。招聘采取组织专场招聘会、网上招聘会、设岗所在地有关部门到高校招聘等多种方式进行。各个省份基本上都采用相同的流程，实现招聘程序的标准化，确保教师招聘的程序公正。同时，各地都将特岗教师招聘工作通过网络对外公布，依托互联网将招聘信息公开化，将招聘过程透明化。一些省份还建立"特岗计划"信息管理系统，将特岗教师招聘的设岗县信息、岗位信息、招聘要求与程序设置完全公开，并开辟各种咨询通道，回应不同招聘、配置环节的各种细节问题。

特岗服务期制度："特岗计划"教师聘期 3 年，聘任期间执行国家统一的工资制度和标准，其他津贴补贴由各地根据同等条件公办教师年收入水平和中央补助水平综合确定。服务期间特岗教师享受与当地公办教师同等待遇。

㊴ 高校毕业生如何到村任职（大学生村官）？

2008 年，中组部、教育部、财政部、人力资源社会保障部出台了《关于印发〈关于选聘高校毕业生到村任职工作的意见（试行）〉的通知》（组通字〔2008〕18 号），计划用五年时间选聘 10 万名高校毕业生到农村担任村党组织书记助理、村委会主任助理或团支部书记、副书记等职务。从 2010 年开始，扩大选聘规模，逐步实现"一村一名大学生村官"计划的目标。

选聘对象由于每个省份情况不同，原则上为全日制本科及以上学历的学生党员或优秀学生干部，新选聘大学生村官全部安排到农村工作，且重点安排到建档立卡贫困村和软弱涣散村工作。此外，参加人力资源社会保障部、团中央等部门组织的到农村基层服务的"三支一扶""志愿服务西部计划"等活动期满的高校毕业生，本人自愿且具备选聘条件的，经组织推荐可作为选聘对象。

大学生村官岗位性质为"村级组织特设岗位"，系非公务员身份，其工作、生活补助和享受保障待遇应缴纳的相关费用由中央和地方财政共同承担。大学生村官的工作管理及考核比照公务员有关规定进行，由县（市、区）党委组织部牵头负责、乡镇党委直接管理、村党组织协助实施；人事档案由县（市、区）党委组织部管理或县（市、区）人力资源社会保障部门所属人才服务机构免费保管，党团关系转至所在村。

⓰ 高校毕业生选聘到村任职的工作内容有哪些？

大学生村官主要履行宣传落实政策、促进经济发展、联系服务群众、推广科技文化、参与村务管理、加强基层组织等职责。大学生村官到村第一年，是中共正式党员的，一般安排担任村党组织书记助理职务；是中共预备党员或非中共党员的，一般安排担任村委会主任助理职务；是共青团员的，可安排兼任村团组织书记、副书记职务。重点了解熟悉农村工作，整理一套涉农政策、走访一遍全村农户、完善一套村情档案、形成一份调研报告、提出一条发展建议、学习一门实用技术，努力实现角色转变。

大学生村官聘期为2至3年。任满1个聘期、考核称职的，可按照有关程序续聘；任满2个聘期、未当选村"两委"副职以上干部的，原则上不再续聘。大学生村官聘用期间应在村里工作，县（市、区）直及以上部门不得借用，经县（市、区）党委组织部批准，可以有计划地组织大学生村官参加县（市、区）、乡镇集中性工作和到信访、综治等岗位锻炼。大学生村官主要通过留村任职工作、考录公务员、自主创业发展、另行择业、继续学习深造等"五条出路"有序流动。

⓱ 高校毕业生选聘到村任职有哪些优惠政策？

（1）新聘任大学生"村官"补贴标准比照本地乡镇新录用公务员试用期满后工资水平确定，并随之同步提高。在艰苦边远地区工作的，按规定发放艰苦边远地区津贴。从2015年1月起，大学生村干部生活补助标准有大幅度提高：中央财政对大学生村干部的工作生活补助标准由每人每年 2 万元提高到每人每年 2.5万元，当年新选聘的大学生村干部一次性发放安置费 2000 元；省级财政补助标准由每人每年 5000 元提高到每人每年 6000 元，当年新选聘的大学生村干部一次性发放安置费 1000 元。（各省情况不一样，具体待遇以当地待遇为准）

（2）大学生"村官"聘用期间，根据当地对事业单位的规定，参加相应社会保险，并办理重大疾病、人身意外损害商业保险。

（3）符合国家学费补偿和助学贷款代偿政策规定、聘期考核合格的大学生"村官"，其学费和国家助学贷款由财政补偿和代偿。

（4）在村任职 2 年以上，具备选调生条件和资格的，经组织推举，可参与选调生统一招考。

（5）聘用期满、考核称职的大学生"村官"，经县级组织、人力资源社会保障部门同意，可参与面向大学生"村官"等基层效劳人员的公务员定向招录。

（6）除实行职业资格准入和专业限制的岗位之外，县（市、区）、乡镇事业单位每年在公开聘请工作人员时，要拿出一定比例定向聘请服务期满、考核称职的大学生"村官"。

（7）聘用期满、考核称职的大学生"村官"，报考研究生享受增加分数等优惠政策，同等条件下优先录用。

（8）大学生"村官"创业优待政策，是政府为了扶持大学生"村官"创业让他们贷得到款、贷得起款，各个省市都出台了相应的政策，如山西及连云港和常山等。

（9）到西部和艰苦边远农村任职的，户口可留在现户籍所在地。

㊷ 高校毕业生如何成为国家公务员？

（1）通过公务员招考进入党政机关，是目前最普遍的一种方式。国考和省考都是一年一次，要通过笔试、面试、体检、政审、公示等环节。国考，主要指中央及国家部委等单位的公务员（参公人员）及中央垂直管理分布在地方的公务员，如地方的海关、统计、税务、海事（非地方海事局）等国家机关招考工作人员的一种方式。招考条件相对比较严格，竞争激烈，成功率低。国考考试时间相对比较固定，报名时间为每年10月下旬，考试时间则为每年11月。省考是各省公务员考试的简称，是由省委组织部、省人力资源和社会保障厅以及省公务员局组织的公务员招考招录考试，为各省、市、县、乡四级机关单位招录公务员。编制隶属于各省，但经省考进入公务员队伍的人员都属于国家公务员。省考时间不定，须关注各地方招考通知。

（2）通过选调生考试。选调生是公务员的一种，和其他普通公务员不同的是，选调生作为党政领导干部后备人选，今后可以补充到各级领导干部队伍中去。报考条件严格，一般只有当年应届毕业生和服务期满的服务基层项目人员（大学生村官、"三支一扶"、特岗教师、西部志愿者）才能报考，提拔速度也比普通公务员相对较快。

（3）通过考参公编或事业编转公务员。国考竞争力太大，可选择考省、市、县的参公编、事业编，竞争力相对较小。事业单位的招考流程和公务员相似，都是要通过笔试、面试、体检、政审这些环节，转正后取得事业编。

高校毕业生参加国家公务员招录有哪些环节和要求？（以 2023 年为例）

（1）报名与选岗阶段

明确考试各项重要信息：国家公务员招录报考条件具体包括户籍要求、道德品行要求、身体和心理条件、工作能力、文化程度、中央主管部门要求的其他资格条件等，例如：要求具有基层工作经历，或者不得报考的条件等。考生要把握重要考试信息，注意报考各阶段的时间安排，报考岗位只能选择一个，关注报名时间，资格审查时间，查询报名序号时间，打印准考证时间，笔试、面试时间以及注意事项等。

明确选岗条件：考生要注意报考岗位的年龄、基层工作经历、亲属回避等方面的限制，还要判断所学专业是否符合职位要求的专业大类。报考限制条件较多的岗位，竞争热度低，比如限应届毕业生报考、对专业和学历有具体要求的岗位，符合条件的毕业生可以选择这类岗位。发达地区的岗位相对比较热门，偏远地区的基层岗位相对来说比较冷门。另外，大学生在选岗时要作长远规划，结合自身兴趣、能力以及未来的职业发展，理性选岗。

（2）报名后阶段

查询资格审查结果：国家公务员招录条件包括学历、专业、户籍、应届生、工作经历等。报名前期招录机关都会对报名人员进行资格审查，看考生是否具备报名资格。考生提交报名后，招录机关在 10 月 15 日 8:00 至 10 月 26 日 18:00 期间对报考申请进行审查，确认报考者是否具有报考资格。在此期间考生可以登录考录专题网站查询资格审查结果。资格审查通过即不能再报考其他职位。报考申请未审查或者未通过资格审查的，可以改报其他职位。报名截止后，报考申请未审查或者未通过资格审查的，不能再改报其他职位。

查询报名序号：报名确认和下载打印准考证时需提供报名序号，通过资格审查的报考人员可在 2023 年 10 月 28 日 8:00 后凭本人身份证号和注册密码登录考录专题网站考生报名入口查询自己的报名序号。查到报名序号，才能证明考生完成第一阶段报名。

照片处理：报考人员登录报名确认及准考证打印系统前，须仔细阅读国家公务员官网首页《重要提示》相关内容，并下载"照片处理工具"，对个人电子照片进行处理。

报名确认缴费不能忘：报考人员网上报名确认时间为 11 月 1 日 0:00 至 11 月 6 日 24:00，报名截止前，按要求进行确认信息及缴费操作。所有参加公共科目笔试的考生，都需要完成这一流程。逾期未完成网上报名确认并缴费的，视为自动放弃报考资格。

44 哪些高校毕业生具备报考国家公务员优势？

（1）服务基层项目人员：参加大学生村官、"三支一扶"计划、"农村义务教育阶段学校教师特设岗位计划"、"大学生志愿服务西部计划"等服务基层项目前无工作经历的人员，服务期满且考核合格后 2 年内，可以报考仅限应届毕业生报考职位。

（2）应届毕业生：招录职位和人数增加，使得应届生职位选择范围扩大，竞争相对较小，是应届生报考国考的一大优势。

（3）退役军人：在军队服役 5 年（含）以上的高校毕业生退役士兵可以报考定向考录服务基层项目人员的职位，同服务基层项目人员共享定向职位计划。退役士兵在军队服现役的经历视为基层工作经历。

（4）中共党员：成为中共党员对考公务员和参加工作都有利，国考部分职位中要求政治面貌必须是中共党员，无要求的职位中共党员也可以报考，所以对于中共党员来讲，可选择的职位更加广泛。

报考职位可通过中央机关及其直属机构 2024 年度考试录用公务员专题网站查阅，教育部、国家综合性消防救援队伍等各招录机关的招考人数、具体职位、考试类别、资格条件等详见《招考简章》。

45 事业单位公开招聘有哪些要求？

《事业单位人事管理条例》中明确规定，除国家政策性安置、按照人事管理权限由上级任命、涉密岗位等人员外，事业单位新聘用工作人员，应当面向社会公开招聘。根据《事业单位公开招聘人员暂行规定》，公开招聘考试可由政府人事行政部门或事业单位上级主管部门统一组织或事业单位自行组织。近年来，有些省（自治区、直辖市，以下简称"省份"）每年会对本省事业单位进行统一招聘；另外有不少事业单位是自行组织，按需求发布岗位计划，没有固定时间，往往全年都会看到有事业单位发布招聘公告。

考试内容由招聘单位根据行业、专业及岗位特点确定，一般采取笔试、面试、实际操作能力测试等方式，不同省份会有不同的要求。2015 年，人社部人事考试中心发布了《事业单位公开招聘分类考试笔试大纲（试行）》，此后，这成为了不少省份事业单位招聘笔试的命题参考。根据 2023 年各省招聘公告，目前使用的大纲为《事业单位公开招聘分类考试公共科目笔试考试大纲（2022 年版）》。有些地区则出台了单独的考试大纲。同学们在备考时要仔细查看招聘公告，了解相应的考试内容和范围，沉着备考。

46 高校毕业生参加事业单位考试有哪些注意事项？

报考事业单位一般有以下流程：报名—资格审查—考试、考察—体检—名单公示—聘用。在报考事业单位时要注意以下事项：仔细查看招聘公告，了解招聘条件、岗位职责、薪酬待遇等信息，选择合适的岗位；根据公告要求，准备相应材料，如身份证、户口簿、学历证、学位证等，如果是应届生可能会要求提供学生证、毕业生就业推荐表等；严格按照招聘公告要求，填写报名表格并提交材料；资格审查通过后，会通知报考者参加笔试、面试等考试环节，同学们要按照要求准备好相应的考试用具，及时打印准考证，顺利参考。

事业单位公开招聘公告通常会在招聘单位网站、主管部门的门户网站上发布。具体来说，同学们可以关注事业单位官网、各级政府网站、各级人社部门网站及各省人事考试网等，及时获取招聘信息。统一招聘受到社会关注较多，公告发布后通常会被广泛传播，更容易获取相应的招聘信息。事业单位自行组织的招聘传播度一般较低，如果有意向单位的话，则要提前了解单位招聘信息的发布渠道，动态关注。此外，中央和国家机关所属事业单位通常会在人社部开设的公开招聘服务平台发布招聘公告。

47 公务员招考和事业单位招考的区别？

（1）公务员考试的科目国考和省考都是一样的，一般都是《行政职业能力测验》和《申论》。事业单位考试一般由各级各单位自行组织。事业单位考试的考试科目各地不同，基本上以《公共基础知识》为主，附加各个专业的专业测试或者写作。

（2）公务员编制属于行政编，工资全部由财政全额拨款。多为一些各级地方人民政府，以及国务院各职能部门、地方人民政府各职能管理机构等。事业单位编制大多是服务性质的单位，通常情况下不具备行政执法权。通常分为全额事业编制、差额事业编制和自筹自支事业编制三种。全额编制又叫全额财政拨款事业编制，完全靠财政拨款的单位，多指一些公益性事业单位和部分具有行政执法职能的事业单位，如公办义务教育学校、防疫站、海事局、公办干休所、交通局下属交通稽查队、卫生局下属防疫站等；差额事业编制，由财政进行差额拨款，如公立医院、公立大学、日报社等；自筹自支事业编制，实际上与企业差不多，多为一些服务型事业单位，如政府招待所、政府下属培训中心、从事应用性研究和开发的科研单位、政府直属印刷机构等。

（3）公务员的晋升是级别制，级别由低至高依次为二十七级至一级，领导职务分为乡科级、县处级、厅局级、省部级、国家级。事业单位分为管理岗、专业技术岗、工勤技能岗，管理岗位分为一至十级；专技岗位分为一到十三级，通过职称评聘来增加工资；工勤岗位分为一到十五级，通过鉴定职业资格水平来增加工资。

48 高校毕业生如何成为选调生？

选调生，是各省党委组织部门有计划地从高等院校选调品学兼优的应届大学本科及其以上毕业生到基层工作，作为党政领导干部后备人选和县级以上党政机关高素质的工作人员人选进行重点培养的群体的简称。选调生是省委组织部的后备领导干部，放到基层锻炼，人事权归省委组织部管辖，委托接收单位考评。调动范围是全省建有党组织的各级党政机关、事业单位、人民社团。可以理解成一种特殊的干部身份。

选调生是公务员的一种，录用后直接为公务员编制。但其与普通公务员有一定区别。选调生的招考范围比公务员小很多，仅针对优秀应届毕业生进行录取。选调生提拔速度比公务员快，一般本科毕业定科员，硕研定副科，博研定正科。主要选调本科生、研究生中的共产党员、优秀学生干部和三好学生。各省情况差别较大，部分省份只要求满足学生干部、三好学生和中共党员三个条件中任意一个即可。选调生又分为定向选调生和非定向选调生，所谓定向选调生中的"定向"一般指的是特定学校或特定专业两层含义。定向选调生一般由省委组织部面向"双一流"高校(清华、北大、复旦、上交、人大等)或"双一流"高校中的特定专业招录。非定向选调是指各省每年定期发布的、面向国内普通高校全日制普通本科及以上学历的应届大学毕业生,主要招收坐落在各省市本地的高校、本地生源的毕业生。

根据相关政策规定,机关职位选调人选试用期满后,安排到基层一线锻炼不少于2年;乡镇(街道)职位选调人选在乡镇(街道)工作不少于3年,其间在村锻炼不少于2年。选调生试用期1年,试用期满考核合格的,办理任职定级手续,并进行公务员登记;不合格的,取消录用。定向选调生在录取后分配至某单位,再由该单位派出到乡镇进行锻炼,锻炼期满后自动调回原单位。而非定向选调生被录取后,由市级组织部门按照成绩并结合学生自身意愿分配至各个县区,随后县区组织部门再分配至各个乡镇,此时乡镇为工作单位,并且2年内不能调动。

49 高校毕业生报考选调生有哪些优势?

(1)竞争相对较小

由于选调生报名条件要求较严,还有部分紧缺选调生定向在"双一流"大学招考,且有专业限制,考取的难度也就相对降低。再者,大多数省份对户籍不作限制,选调生还可以跨省报考,并且很多岗位不限制专业。在满足多省报考条件的情况下,可以报考多省的选调生招录考试。

（2）享有政策福利

省级组织部门会进行重点培养，强化理论培训，加强实践锻炼等途径，帮助选调生脱颖而出，更易在基层获得晋升机会。省直机关也有专门针对选调生的遴选和公选，每年中央遴选都有针对选调生的职位，选调生服务期比一般公务员的时间要短，职位的竞争比例也要少很多。

（3）广阔出路和选择

一般情况下，选调生的调转和提升都是归属于省级人事机构管辖，而工作部门只是拥有考核和监管的权利。调动范围是全省建有党组织的各级党政机关、事业单位、人民社团等，相比一般公务员只能在本部门调动来说，针对选调生的这一调转方式为其提供了更加广阔的出路和选择。

50 高校毕业生进入高校工作的人事制度是怎样？

高校工作用人制度分为事业编、人事代理制、聘用制。

（1）事业编制工作人员的工资和活动经费的开支渠道一般除国家事业费开支的外，还有部分事业单位的经费，采取自收自支、差额补贴的办法。事业单位按照《事业单位岗位设置管理试行办法》（国人部发〔2006〕70号）和《〈事业单位岗位设置管理试行办法〉实施意见》、行业指导意见以及核准的岗位设置方案，根据按需设岗、竞聘上岗、按岗聘用的原则，确定具体岗位，明确岗位等级，聘用工作人员，签订聘用合同。

（2）人事代理制是一种人力资源外包形式，是根据需求将一项或多项人力资源管理工作或职能外包出去，由专业的第三方代理。

（3）聘用制是以合同的形式确定事业单位与职工基本人事关系的一种用人制度，即事业单位工作人员在本单位的身份属性通过与单位签订聘用合同确定。

事业单位传统的用人制度是职工一旦被调入或分配到其单位，就终身成为该单位的职工。聘用制就是要将传统的用人制度改革成为合同契约式的用人制度，是事业单位内部具体工作岗位的管理制度。教育类事业单位常用这种形式。

51 高校毕业生如何办理人事代理？

人事代理是指由政府批准的人事档案管理机构（各类人才服务机构），按照国家有关人事、劳动等政策法规要求，接受单位或个人委托，为多种所有制经济尤其是非公有制经济单位及各类人才办理：人事档案管理；因私出国政审；在规定的范围内申报或组织评审专业技术职务任职资格；转正定级和工龄核定；大中专毕业生接收手续；其他需经授权的人事代理事项。

按照《人才市场管理规定》，人事代理方式可由单位集体委托代理，也可由个人委托代理；可多项委托代理，也可单项委托代理；可单位全员委托代理，也可部分人员委托代理。单位办理委托人事代理，须向代理机构提交有效证件以及委托书，确定委托代理项目。经代理机构审定后，由代理机构与委托单位签订人事代理合同书，明确双方的权利和义务，确立人事代理关系。

对于离校时已落实工作单位的高校毕业生，其人事代理由毕业生的接收单位统一负责委托管理；对于离校时未就业、自主创业和灵活就业的高校毕业生，可以由个人委托政府批准的人事代理机构办理委托管理。

52 高校毕业生进入高校工作有哪些渠道？

（1）人才引进：一般是省直、市直招聘，比如报考的高校本身归市直管理，那么招聘就是当地市人力资源局负责，笔试面试政审体检"一条龙"服务。

（2）高校官方招聘：在高校官网上一般会将岗位要求和报名条件等信息公示，按照官网通知进行报名。

（3）浏览各类就业信息网站：包括中央有关部门主办的全国性就业信息网站、地方有关部门主办的就业信息网站、各高校就业信息网站及校内求职版面、其他专业性就业网站等。如高校人才网（gaoxiaojob.com）此网站有专门的学校招聘栏目，也有非编的招聘。

（4）参加各类招聘和双向选择活动，包括国家有关部门、各地、学校、用人单位等相关机构组织的各类现场或网络招聘活动。

（5）他人引荐：如目标单位的校友、亲友等。

53 高校毕业生可从事哪些科研工作？

按照《科技部、教育部、财政部、人力资源社会保障部、国家自然科学基金委员会关于鼓励科研项目单位吸纳和稳定高校毕业生就业的若干意见》（国科发财〔2009〕97号）规定，由高校、科研机构和企业所承担的民口科技重大专项、973计划（国家重点基础研究发展计划）、863计划（国家高新技术研究发展计划）、国家科技支撑计划项目以及国家自然科学基金会的重大重点项目等，可以聘用高校毕业生作为研究助理或辅助人员参与研究工作。其他项目，承担研究的单位也可聘用高校毕业生。

按照《科技部、教育部、人力资源社会保障部、财政部、中国科学院自然科学基金委关于鼓励科研项目开发科研助理岗位吸纳高校毕业生就业的通知》（国科发资〔2020〕132号）规定，高校、科研院所和企业等主体，按照公开、自愿、双向选择的原则，在所承担的各类国家科技计划（专项、基金等）项目中，积极吸纳高校毕业生参与科研相关工作。上述科技计划主要包括：国家自然科学基金，国家科技重大专项，科技创新2030—重大项目，国家重点研发计划，技术创新引导专项（基金），基地和人才专项（含国家重点实验室、国家工程研究中心、国家技术创新中心、国家临床医学研究中心、国家科技资源共享服务平台等）。

研究可以是调查研究或实验，也可以是现象分析，或从事工程技术开发、生命科学研究、社会调查研究等的人员都可以是科研人员。科技类岗位是指从事基础研究、战略高技术研究、经济社会可持续发展研究、科技战略研究等工作，具有相应专业技术水平和能力要求的工作岗位。科技类岗位主要包括自然科学研究系列、工程技术系列等专业技术岗位。

54 高校毕业生从事科研工作的相关待遇如何？

从事科研工作吸纳对象主要以优秀的应届毕业生为主，包括高校以及有学位授予权的科研机构培养的博士研究生、硕士研究生和本科生。吸纳对象不是项目承担单位的正式在编职工，被吸纳高校毕业生需与项目承担单位签订服务协议，明确双方的权利、责任和义务。

项目承担单位应当为毕业生办理社会保险，具体包括基本养老保险、基本医疗保险、失业保险、工伤保险、生育保险，并按时足额缴费。参保、缴费、待遇支付等具体办法参照各项社会保险有关规定执行。

毕业生参与项目研究期间，根据当地情况，其户口、档案可存放在项目承担单位所在地或入学前家庭所在地公共就业和人才服务机构。项目承担单位所在地或入学前家庭所在地公共就业和人才服务机构应当免费为其提供户口、档案托管服务。

协议期满，如果项目承担单位无意续聘，则毕业生到其他岗位就业。同时，国家鼓励项目承担单位正式聘用（招用）人员时，优先聘用担任过研究助理的人员。项目承担单位或其他用人单位正式聘用（招用）担任过研究助理的人员，应当分别依据《劳动合同法》《国务院办公厅转发人力资源和社会保障部关于在事业单位试行人员聘用制度意见的通知》（国办发〔2002〕35号）等规定执行。

担任过研究助理的人员被正式聘用（招用）后，按照有关规定，凭用人单位录（聘）用手续、劳动合同和《普通高等学校毕业证书》

办理落户手续；工龄与参与项目研究期间的工作时间合并计算，社会保险缴费年限合并计算。

55 高校毕业生成为中小学教师的途径有哪些？

（1）各师范类高校招聘会

大学是师范院校，学校每年都会举行不少教师招聘会，这里有一个误区，教师招聘是否只针对师范生开放呢？事实上，师范生招聘会只是招聘岗位以教师为主，除了师范生以外也会为非师范生设置岗位。大家要重点关注省内师范院校的公众号，这些高校的招聘会都可以参加，大概率的招聘方都以教育领域为主。另外，校外人员是否可以参加呢？答案是可以的，在校生可以携带学生证，毕业生须携带毕业证书和身份证。

（2）教育局（各中小学）官网/公众号

教育局（各中小学）官网公众号是信息发布的源头，也就是各地区的教育局官网。一般来说，教育局的招聘每年有两次。一次是每年 10—11 月份，招聘对象以应届生为主，另一次是每年 3—5 月份，招聘对象包含应届生和往届生。各个地区的岗位信息都会最早发布在这里，但缺点是一个城市内各个区教育局的招聘笔试可能会安排在同一天，这就要求应聘者必须在不同区之间做出选择。教育局每年会公布报名人数，大家可以计算报录比，根据自己的实力和需求做出选择。各个地区的教师招聘公众号，这类公众号的优点就是把所有地区的教师招聘信息汇总在一处，一般是以省为单位，汇总招聘信息，可以重点关注。推荐大家关注"浙江教师"和"浙江教师招聘"这两个公众号，里面信息非常及时且很全面，这里不仅有编制教师招聘，也有代课老师、民办学校、培训机构等教师招聘信息，其他地区的朋友，也可以利用微信的搜索功能，搜索"地区＋教师／招聘"等关键词，就可以找到它们。

（3）线下招聘会

虽然线下招聘会通常鱼龙混杂，以企业招聘为主，但部分事业单位招聘会和"高洽会"（高学历人才开放式洽谈会）等招聘会非常值得关注，会有非常多的事业单位集中招聘，这里也包括很多学校的教师招聘。大家可以留意当地的人才市场公众号或者官网，或搜索"高洽会"、"事业单位招聘会"等关键词，准备好简历和作品，多给自己一些选择的机会。高学历、能力较强的人员可特别关注。

56 高校毕业生应聘中小学教师的流程是怎样的？

（1）笔试

笔试科目包括"教育综合知识"单科试卷满分为 100 分，"学科专业知识"单科试卷满分为 150 分，"幼儿教育综合知识"单科试卷满分为 100 分。笔试成绩一般于每年 4 月底在 ×× 人事考试网公布。报考人员可凭本人身份证号、准考证号等信息在 ×× 省人事考试网查询本人笔试成绩。入围面试人员根据笔试成绩从高分到低分的顺序按以下比例确定：（江西省）招聘人数为 5 人及以下的岗位，入围面试比例为 1∶3；招聘人数为 6 至 10

人的岗位，入围面试比例为 1∶2.5；招聘人数为 11 人及以上的岗位，入围面试比例为 1∶2。入围面试人员名单拟于 5 月初在××省教育厅、××省人力资源和社会保障厅官方网站公布。

（2）网上调剂

笔试成绩公布后发布调剂公告，对入围面试人数不足的岗位，在网上进行公开调剂。凡第一批未入围面试的考生，如符合调剂岗位的报考条件，可在网上自愿报名参加调剂。调剂报名时，不能跨报名系统调剂，即报考"中小学教师"和"特岗教师"的考生不能互相调剂。

（3）资格审查

①入围面试人员须在招聘单位规定的时间和地点，持招聘岗位要求的相关材料原件和复印件进行现场资格审查，通过资格审查方可参加面试。

②因资格审查未通过产生的面试人员空额按笔试成绩从高分到低分依次递补。递补人员通过资格审查后参加面试。无人可递补时，组织现有入围人员面试。

③面试面试满分分值为 100 分。面试主要考查考生的教育教学水平和能力，一般采取试讲、说课、专业展示等方式进行，面试具体日期及有关事项由设区市教育、人社部门和省直招聘单位另行公告。

57 高校大学生应征入伍有什么待遇?

高校应届毕业生和在校生可在学校所在地应征入伍，也可在入学前户籍所在地参加应征。目前，义务兵津贴，第一年每月1000元，第二年每月1100元，2年义务兵津贴共25200元。应征入伍的义务兵家庭优待金标准为每户每年2万元左右，两年共5万元左右，各地不一，有的甚至更高。

（1）应征期间待遇

享受"四优先"，即：优先报名应征、优先体检政考、优先审批定兵、优先安排去向。随到随检、不单科淘汰、合格的全部定兵，安排服役方向时优先参考本人意愿。

享受"免毕业实习"。当年上半年批准入伍的高职（专科）生，仅需再完成毕业实习（顶岗实习）即能够毕业的，入伍后毕业实习（顶岗实习）在部队完成，经兵役机关鉴定合格，出具《入伍实习鉴定表》，由所在学校审定达到毕业条件的，颁发毕业证书，享受应届毕业生入伍有关优惠政策。

（2）服役期间待遇

可直接提干。全日制本科及以上学历且取得相应学位的毕业生，年龄不超过26周岁，符合相关条件的可以提干。

可以报考军校。全日制大专毕业生，参加全军统一组织的本科层次招生考试，录入有关军队院校培训，毕业合格的列入年度生长干部毕业学员分配计划。

可以保送入学。担任班长1年以上的党员，连续2年立三等功或1次二等功以上，且被战区级单位评为先进个人或军级单位先进典型或获得军队科技进步四等奖以上奖励的，可保送进入军队院校，毕业后担任军官。

优先选取士官。大学毕业生可优先选取士官，套改士官时，全日制大专毕业生可以直接转改中士第一年，全日制本科毕业生可以直接转改为中士第二年。

享受学费补偿。本科和高职（专科）学生每生每年最高不超过 16000 元，研究生每生每年最高不超过 20000 元。

提高优待标准。本科毕业生、大专毕业生应征入伍的，其家庭优待金在应当享受的标准基础上，每年分别增发 30%、20%。

（3）退役待遇

就业安置。对大学毕业生退役士兵，每年事业单位招聘时专门拿出岗位招录；服役满 5 年的，可以报考面向服务基层项目人员定向考录的职位，同服务基层项目人员共享定向考录计划；服役期间视为工作经历，退役后 1 年内同当年应届毕业生一样推荐就业，服役满 12 年的由政府安排工作。

考研优先。全国每年单列安排 8000 名研究生招生计划，"退役大学生士兵"专项计划重点向"双一流"建设高校倾斜；在部队荣立二等功及以上的，符合研究生报名条件的可免初试攻读硕士研究生；本科毕业后 3 年内参加全国硕士研究生招生考试，初试总分加 10 分，同等条件下优先录取。

升复学优惠。高职（专科）毕业生及在校生（含高校新生）应征入伍，退役后在完成高职（专科）学业的前提下，可免试入读普通本科，或根据意愿入读成人本科，自 2022 年专升本招生起执行。退役在校生 2 年内允许复学且可转专业，免修军事技能课程。

58 高校毕业生应征入伍需要满足哪些条件?

公民应征入伍要符合国防部颁布的《应征公民体格检查标准》和有关规定，以下列举部分内容。

身高：男性 160cm 以上，女性 158cm 以上。

体重：男性为 $17.5 \leqslant BMI < 30$，其中 $17.5 \leqslant$ 男性身体条件兵 $BMI < 27$；女性为 $17 \leqslant BMI < 24$。

BMI = 体重（千克）除以身高（米）的平方。

视力：任何一眼裸眼视力不得低于 4.5。屈光不正经准分子激光手术后半年以上，无并发症，视力达到相应标准的，合格。

内科：乙型肝炎表面抗原呈阴性等。

应征报名（男兵）招收对象：高中（含中专、职高、技校）毕业生及以上文化程度的青年（含高校在校生），年满 18 至 22 周岁；普通高等学校本专科毕业生、上半年符合毕业条件的毕业班学生，年满 18 至 24 周岁；研究生毕业生及在校内放宽至 26 周岁；初中毕业文化程度青年，年满 18 至 20 周岁。

应征报名（女兵）征集对象：普通高等学校和科研机构全日制应届毕业生及在校生，年满 18 至 22 周岁，全日制研究生应届毕业生及在校生放宽至 26 周岁；2023 年普通高等学校全日制本专科应届毕业生可以报名参加 2024 年上半年女兵征集，年龄放宽至 23 周岁。

详见全国征兵网 https://www.gfbzb.gov.cn。

59 **高校毕业生应征入伍服义务兵役要经过哪些流程？**

（1）网上报名预征：有应征意向的高校毕业生可在夏秋季征兵开始之前登录"大学生应征入伍网上报名平台"进行报名，在线填写、打印《应届毕业生预征对象登记表》和《高校毕业生应征入伍学费补偿国家助学贷款代偿申请表》（以下分别简称《登记表》《申请表》），向高校征兵工作管理部门提交资料。

（2）初检、初审：毕业生离校前，在高校参加身体初检、政治初审，符合条件者确定为预征对象，高校协助兵役机关将《登记表》和《申请表》审核盖章发给毕业生本人，并完成网上信息确认。初检、初审工作最晚在 7 月 15 日前完成。

（3）实地应征：高校应届毕业生可在学校所在地应征入伍，也可在入学前户籍所在地应征入伍。

（4）组织高校应届毕业生在学校所在地征集的，结合初审、初检工作同步进行体格检查和政治审查，在毕业生离校前完成预定兵，9 月初学校所在地县（市、区）人民政府征兵办公室为其办理批准入伍手续。政治审查以本人现实表现为主，由其就读学校所在地的县（市、区）公安部门负责，学校分管部门具体承办，原则上不再对其入学前和就读返乡期间的现实表现情况进行调查。

（5）在入学前户籍所在地应征入伍的，高校应届毕业生应于 7 月 30 日前将户籍迁回入学前户籍地，持《登记表》和《申请表》到当地县级兵役机关参加实地应征，经体格检查、政治审查合格的，9月初由当地县（市、区）人民政府征兵办公室办理批准入伍手续。

报名网址：全国征兵网 https://www.gfbzb.gov.cn/。

60 高校毕业生如何应征入伍？

《中华人民共和国兵役法》规定，全国的兵役工作，在国务院、中央军事委员会领导下，由国防部负责。各军区按照国防部赋予的任务，负责办理本区域的兵役工作。省军区（卫戍区、警备区）、军分区（警备区）和县、自治县、不设区的市、市辖区的人民武装部，兼各该级人民政府的兵役机关，在上级军事机关和同级人民政府领导下，负责办理本区域的兵役工作。县级以上地方各级人民政府组织兵役机关和有关部门组成征集工作机构，负责组织实施征集工作。

高校毕业生预征工作在学校由学生管理部门或武装部门牵头。有意向参军入伍的高校毕业生可向所在学校学工部（处）、就业中心、武装部咨询。

离校前未报名的应届毕业生，可在冬季征兵前到入学前户籍所在地乡（镇、街道）武装部报名并进行兵役登记，合格者确定为预征对象，择优送站体检。体检、政审合格被批准入伍后，补办补偿代偿等手续，仍可享受国家鼓励高校毕业生应征入伍的各项优惠政策。

61 大学生士兵退役后可享受哪些就学优惠政策？

（1）高职（专科）学生入伍经历可作为毕业实习经历。

（2）退役大学生士兵入学或复学后免修军事技能训练，直接获得学分。

（3）设立"退役大学生士兵"专项硕士研究生招生计划。根据实际需求，每年安排一定数量专项计划，专门面向退役大学生士兵招生。在全国研究生招生总规模内单列下达，不得挪用。

（4）将高校在校生（含高校新生）服兵役情况纳入推免生遴选指标体系。鼓励开展推荐优秀应届本科毕业生免试攻读研究生工作的高校在制定本校推免生遴选办法时，结合本校具体情况，将在校期间服兵役情况纳入推免生遴选指标体系。在部队荣立二等功及以上的退役人员，符合研究生报名条件的可免试（指初试）攻读硕士研究生。

（5）将考研加分范围扩大至高校在校生（含高校新生）。退役人员在继续实行普通高校应届毕业生退役后按规定享受加分政策的基础上，允许普通高校在校生（含高校新生）应征入伍服义务兵役退役，在完成本科学业后3年内参加全国硕士研究生招生考试，初试总分加10分，同等条件下优先录取。

（6）退役大学生士兵专升本实行招生计划单列。高职（专科）学生应征入伍服义务兵役退役，在完成高职学业后参加普通本科专升本考试，实行计划单列，录取比例在现行30%的基础上适度扩大，具体比例由各省份根据本地实际和报名情况确定。

（7）高校新生录取通知书中附寄应征入伍优惠政策。高校向新生寄送《录取通知书》时，附寄应征入伍宣传单，宣传单主要内容包括优惠政策概要、报名流程指南、学籍注册要求等。

（8）放宽退役大学生士兵复学转专业限制。大学生士兵退役后复学，经学校同意并履行相关程序后，可转入本校其他专业学习。

（9）具有高职（高专）学历的，退役后免试入读成人本科，或经过一定考核入读普通本科；荣立三等功以上奖励的，在完成高职（专科）学业后，免试入读普通本科。

（10）应征入伍的高校毕业生退役后报考政法干警招录培养体制改革试点招生时，教育考试笔试成绩总分加 10 分。

 62 高校大学生应征入伍服义务兵役可享受哪些国家资助政策？

高等学校学生应征入伍服义务兵役国家资助，是指国家对应征入伍服义务兵役的高校学生，在入伍时对其在校期间缴纳的学费实行一次性补偿或获得的国家助学贷款（国家助学贷款包括校园地国家助学贷款和生源地信用助学贷款，下同）实行代偿；应征入伍服义务兵役前正在高等学校就读的学生（含按国家招生规定录取的高等学校新生），服役期间按国家有关规定保留学籍或入学资格、退役后自愿复学或入学的，国家实行学费减免。

按照《关于调整完善国家助学贷款相关政策措施的通知》（财教〔2014〕180 号）、《财政部、教育部、总参谋部关于印发〈高等学校学生应征入伍服义务兵役国家资助办法〉的通知》（财教〔2013〕236号）相关规定如下。

（1）学费补偿、国家助学贷款代偿及学费减免标准，本专科生每人每年最高不超过8000元，研究生每人每年最高不超过12000元。

（2）学费补偿或国家助学贷款代偿金额，按学生实际缴纳的学费或获得的国家助学贷款（国家助学贷款包括本金及其全部偿还之前产生的利息，下同）两者金额较高者执行，据实补偿或者代偿。退役复学后学费减免金额，按学校实际收取学费金额执行。超出标准部分不予补偿、代偿或减免。

（3）获学费补偿学生在校期间获得国家助学贷款的，补偿资金必须首先用于偿还国家助学贷款。如补偿金额高于国家助学贷款金额，高出部分退还学生。

（4）因本人思想原因、故意隐瞒病史或弄虚作假、违法犯罪等行为造成退兵的学生，学校取消其受助资格，并不得申请学费减免。各省（区、市）人民政府征兵办公室应在接收退兵后及时将被退回学生的姓名、就读高校、退兵原因等情况逐级上报至国防部征兵办公室，并按照学生原就读高校的隶属关系，通报同级教育行政部门。被部队退回并被取消资助资格的学生，如学生返回其原户籍所在地，已补偿的学费或代偿的国家助学贷款资金由学生户籍所在地县级教育行政部门会同同级人民政府征兵办公室收回；如学生返回其原就读高校，已补偿的学费或代偿的国家助学贷款由学生原就读高校会同退役安置地县级人民政府征兵办公室收回。各县级教育行政部门和各高校应在收回资金后十日内，逐级汇总上缴全国学生资助管理中心。收回资金按规定作为下一年度学费补偿或国家助学贷款代偿经费。

高校学生应征入伍服义务兵役享受学费补偿、国家助学贷款代偿和学费减免的年限如何计算？

学费补偿、国家助学贷款代偿和学费减免的年限，按照国家对本科、专科（高职）、研究生和第二学士学位规定的相应修业年限据实计算。以入伍时间为准，入伍前已达到的修业规定年限，即为学费补偿或国家助学贷款代偿的年限；退役复学后应完成的国家规定的修业年限的剩余期限，即为学费减免的年限；复学后攻读更高层次学历不在减免学费范围之内。

专升本、本硕连读、中职高职连读、第二学士学位毕业生补偿学费或代偿国家助学贷款的年限，分别按照完成本科、硕士、高职和第二学士学位阶段学习任务规定的学习时间计算。

专升本、本硕连读学制在校生，在专科或本科学习阶段应征入伍的，以实际学习时间实行学费补偿或国家助学贷款代偿；在本科或硕士学习阶段应征入伍的，以本科已学习时间或硕士已学习时间计算，实行学费补偿或国家助学贷款代偿，其以前专科学习时间或本科学习时间不计入学费补偿或国家助学贷款代偿。中职高职连读学生学费补偿或国家助学贷款代偿的年限，按照高职阶段实际学习时间计算。

高校学生申请应征入伍服义务兵役国家资助的流程是什么?

（1）应征报名的高校学生登录大学生征兵报名系统，按要求在线填写、打印《高校学生应征入伍学费补偿国家助学贷款代偿申请表》（一式两份，以下简称《申请表》）并提交学校学生资助管理部门。在校期间获得国家助学贷款的学生，须同时提供《国家助学贷款借款合同》复印件和本人签字的一次性偿还贷款计划书。

（2）学校相关部门对《申请表》中学生的资助资格、标准、金额（如有生源地信用助学贷款，学校应联系贷款经办银行或贷款经办地县级学生资助管理机构确认贷款金额）等相关信息审核无误后，对《申请表》加盖公章，一份留存，一份返还学生。

（3）学生在征兵报名时将《申请表》交至入伍所在地县级人民政府征兵办公室（以下简称"县级征兵办"）。学生通过征兵体检被批准入伍后，县级征兵办对《申请表》加盖公章并返还学生。

（4）学生将《申请表》原件和入伍通知书复印件，寄送至原就读高校学生资助管理部门。

65 高校毕业生应征入伍离校后户口档案存放在哪里，如何迁转？

被确定为预征对象的高校应届毕业生，回入学前户籍所在地应征的，将户口迁回入学前户籍所在地，档案转到入学前户籍所在地人才交流中心存放。在学校所在地应征的，可将户籍和档案暂时保留在学校。高校应届毕业生批准入伍后，其户口档案予以注销，档案放入新兵档案。

高校应届毕业生入伍服义务兵役退出现役后一年内，可视同当年的高校应届毕业生，凭用人单位录（聘）用手续，向原就读高校再次申请办理就业报到手续，户档随迁（直辖市按照有关规定执行）。

66 高校大学生参与硕士研究生招生考试有哪些注意事项？

全国硕士研究生招生考试分初试和复试两个阶段进行。初试由国家统一组织，复试由招生单位自行组织。初试方式分为全国统一考试、单独考试以及推荐免试。初试科目分全国统一命题科目和招生单位自命题科目。全国硕士研究生招生考试科目试题（包括副题）、参考答案、评分参考（指南）等应当按照教育工作国家秘密范围的有关规定严格管理。

硕士研究生学习方式分为全日制和非全日制。全日制和非全日制研究生考试招生依据国家统一要求，执行相同的政策和标准。全日制研究生是指在基本修业年限或者学校规定年限内，全脱产在校学习的研究生。全日制研究生包括全日制学术型硕士研究生和全日制专业硕士研究生。非全日制研究生可以边工作边学习，这是全日制研究生和非全日制研究生最大的区别所在。非全日制研究生上课的时间主要是集中在周末、节假日或者晚上，在学校规定的修业年限（一般应适当延长基本修业年限）内，在从事其他职业或者社会实践的同时，采取多种方式和灵活时间安排进行非脱产学习的研究生。

67 高校大学生读研的奖助政策有哪些？

国家根据经济、社会发展需要确定年度招生计划。招生单位根据国家下达的招生计划、社会需求和办学条件，确定各学科（类别）、各专业（领域）的招生人数。

国家对所有纳入招生计划的全日制硕士研究生均安排生均拨款，所有纳入招生计划的硕士研究生都要缴纳学费。国家和招生单位通过设立奖学金、助学金、助学贷款、三助岗位、绿色通道等制度，建立多元奖助体系，支持硕士研究生完成学业，提高硕士研究生待遇水平。

高校大学生考研报名须符合《2024 年全国硕士研究生招生工作管理规定》中的相关规定，以下节选部分内容。

第十七条　报名参加全国硕士研究生招生考试的人员，须符合下列条件。

（1）中华人民共和国公民。

（2）拥护中国共产党的领导，品德良好，遵纪守法。

（3）身体健康状况符合国家和招生单位规定的体检要求。

（4）考生学业水平必须符合下列条件之一。

①国家承认学历的应届本科毕业生（含普通高校、成人高校、普通高校举办的成人高等学历教育等应届本科毕业生）及自学考试和网络教育届时可毕业的本科生。

考生录取当年入学前（具体时限由招生单位规定，下同）必须取得国家承认的本科毕业证书或教育部留学服务中心出具的《国（境）外学历学位认证书》，否则录取资格无效。

②具有国家承认的大学本科毕业学历的人员。

③获得国家承认的高职高专毕业学历后满 2 年（毕业后到录取当年入学前，下同）或 2 年以上的人员，以及国家承认学历的本科结业生，符合招生单位根据本单位的培养目标对考生提出的具体学业要求的，按本科毕业同等学力身份报考。

④已获硕士、博士研究生学历或学位的人员。

在校研究生报考须在报名前征得所在培养单位同意。

第十八条　报名参加以下专业学位全国硕士研究生招生考试的，按下列规定执行。

（1）报名参加法律（非法学）专业学位硕士研究生招生考试的人员，须符合下列条件：

①符合第十七条中的各项要求；

②报考前所学专业为非法学专业。

（2）报名参加法律（法学）专业学位硕士研究生招生考试的人员，须符合下列条件：

①符合第十七条中的各项要求；

②报考前所学专业为法学专业（获得法学第二学士学位的人员可报考）。

（3）报名参加工商管理、公共管理、工程管理硕士中的工程管理 [代码为 125601] 和项目管理 [代码为 125602]、旅游管理、教育硕士中的教育管理、体育硕士中的竞赛组织专业学位硕士研究生招生考试的人员，须符合下列条件。

①符合第十七条中第（1）、（2）、（3）各项的要求。

②大学本科毕业后有 3 年以上工作经验的人员；或获得国家承认的高职高专毕业学历或大学本科结业后，符合招生单位相关学业要求，达到大学本科毕业同等学力并有 5 年以上工作经验的人员；或获得硕士、博士研究生学历或学位后有 2 年以上工作经验的人员。

工商管理硕士专业学位研究生相关考试招生政策同时按照《教育部关于进一步规范工商管理硕士专业学位研究生教育的意见》（教研〔2016〕2 号）有关规定执行。

第十九条　报名参加单独考试的人员，须符合下列条件。

（1）符合第十七条中第（1）、（2）、（3）各项的要求。

（2）大学本科毕业后连续工作 4 年以上，业务优秀，已经发表过研究论文（技术报告）或者已经成为业务骨干，经考生所在单位同意和两名具有高级专业技术职称的专家推荐，回原单位定向就业的在职人员；或获硕士、博士研究生学历或学位后工作 2 年以上，业务优秀，经考生所在单位同意和两名具有高级专业技术职称的专家推荐，回原单位定向就业的在职人员。

招生单位不得按单位、行业、地域等限定考生生源范围，也不得设置其他歧视性报考条件。

具有推荐免试资格的考生，须在国家规定时间内登录"全国推荐免试攻读研究生（免初试、转段）信息公开暨管理服务系统"（网址：https://yz.chsi.com.cn/tm）填报志愿并参加复试。在规定截止日期仍未被招生单位录取的推免生不再保留推免资格。已被招生单位录取的推免生，不得再报名参加当年硕士研究生招生考试，否则取消其推免录取资格。

推免生推荐和接收办法由推荐学校和接收单位根据教育部有关规定制订并公布。所有推免生均享有依据招生政策自主选择报考招生单位和专业的权利，推荐学校所有推免名额（除有特殊政策要求的专项计划外），均可向其他招生单位推荐。凡按规定可接受应届本科毕业生报考的学科（类别）、专业（领域）均可接收推免生，但全日制学科专业不得只接收推免生。

其他符合免初试资格（如在部队荣立二等功以上退役人员等）的考生，应在国家规定的全国统考报名时间内登录"全国推荐免试攻读研究生（免初试、转段）信息公开暨管理服务系统"报名。

69 高校大学生考研报名分为哪些阶段？

　　高校大学生考研报名包括网上报名和网上确认两个阶段。所有考生均须在规定时间内参加网上报名和网上确认，逾期不再补报。省级教育招生考试机构统筹安排报考点开展答复考生咨询、办理报名手续、安排考场、组织考试等工作。报名网络技术服务工作由教育部学生服务与素质发展中心负责。

　　省级高等学校招生委员会应统筹考虑考生规模、考务组织、服务保障等因素，安排充足的考试服务资源，合理设置并公布报考点，妥善安排考生报考。应届本科毕业生原则上应选择就读学校所在地省级教育招生考试机构指定的报考点，其中成人高校应届本科毕业生也可选择教学点所在地省级教育招生考试机构指定的报考点；单独考试考生应选择招生单位所在地省级教育招生考试机构指定的报考点；其他考生应选择工作所在地或户籍所在地省级教育招生考试机构指定的报考点（相关具体要求由所在地省级教育招生考试机构因地制宜、合理确定，鼓励有条件的省份为更多考生就地报考提供服务）。考生户籍所在地应做好考生报名兜底服务保障。

70 高校大学生考研网上报名有哪些注意事项？（以 2023 年考研为例）

（1）网上报名时间为 2023 年 10 月 8 日至 10 月 25 日，每天 9:00—22:00。网上预报名时间为 2023 年 9 月 24 日至 9 月 27 日，每天 9:00—22:00。

（2）考生应在规定时间登录"中国研究生招生信息网"（网址：https://yz.chsi.com.cn，以下简称"研招网"）浏览报考须知，并按省级教育招生考试机构、报考点以及报考招生单位的网上公告要求报名。报名期间，考生可自行修改网上报名信息或重新填报报名信息，但每位考生只能保留一条有效报名信息。逾期不得修改报名信息。

（3）考生报名时只能填报一个招生单位的一个专业。

（4）考生应按要求如实填写学习情况和提供真实材料。

（5）考生要如实填写本人所受奖惩情况，特别是在参加普通和成人高等学校招生考试、全国硕士研究生招生考试、高等教育自学考试等国家教育考试过程中因违纪、作弊所受处罚情况。对弄虚作假者，将按照《国家教育考试违规处理办法》《普通高等学校招生违规行为处理暂行办法》严肃处理。

（6）报名期间将对考生学历（学籍）信息进行网上校验，考生可上网查看学历（学籍）校验结果。考生可在报名前或报名期间自行登录"中国高等教育学生信息网"（网址：https://www.chsi.com.cn）查询本人学历（学籍）信息。

未能通过学历（学籍）网上校验的考生，应在招生单位规定时间内按要求完成学历（学籍）核验。

（7）根据《2024年全国硕士研究生招生工作管理规定》第五十二条内容，教育部按照一区、二区制定并公布参加全国统一考试考生进入复试的初试成绩基本要求。一区包括北京、天津、河北、山西、辽宁、吉林、黑龙江、上海、江苏、浙江、安徽、福建、江西、山东、河南、湖北、湖南、广东、重庆、四川、陕西21个省（市）；二区包括内蒙古、广西、海南、贵州、云南、西藏、甘肃、青海、宁夏、新疆10个省（区）。原则上按学科门类分别划线，工商管理等管理类专业学位将根据情况单独划线。

报考地处二区招生单位且毕业后在国务院公布的民族区域自治地方定向就业的少数民族普通高校应届本科毕业生，或者工作单位和户籍在国务院公布的民族区域自治地方，且定向就业单位为原单位的少数民族在职人员考生，可按规定享受少数民族照顾政策。符合第五十二条规定条件并申请享受照顾政策的考生，须在网上报名时按要求填报相关信息，并如实填写少数民族身份及定向就业少数民族地区。报考点对相关考生资格进行初审，招生单位在复试（含调剂）前进行复审。

根据《2024年全国硕士研究生招生工作管理规定》第六十二条内容，参加"大学生志愿服务西部计划""三支一扶计划""农村义务教育阶段学校教师特设岗位计划""赴外汉语教师志愿者"等项目服务期满、考核合格的考生，3年内参加全国硕士研究生招生考试的，初试总分加10分，同等条件下优先录取。

退役大学生士兵达到报考条件后，3年内参加全国硕士研究生招生考试，初试总分加10分，同等条件下优先录取。报考（含调剂）"退役大学生士兵"专项计划的，不享受退役大学生士兵初试加分政策。在部队荣立二等功以上的退役人员，符合全国硕士研究生招生考试报考条件的，可申请免初试攻读硕士研究生。

参加"选聘高校毕业生到村任职"项目服务期满、考核称职以上的考生，3年内参加全国硕士研究生招生考试的，初试总分加10分，同等条件下优先录取，其中报考人文社科类专业研究生的，初试总分加15分。

加分项目不累计，同时满足两项以上加分条件的考生按最高项加分。各省级教育招生考试机构、各招生单位应严格规范执行硕士研究生招生考试的初试总分加分政策，除教育部统一规定的范围和标准外，不得擅自扩大范围、另设标准。

符合第六十二条规定条件并申请享受初试加分政策的考生，须在网上报名时按要求填报相关信息。有关部门按职责分工进行审核。

未按规定申报的，不享受相应照顾或加分政策。

（8）"少数民族高层次骨干人才计划"招生以考生报名时填报确认的信息为准。

（9）报考"退役大学生士兵"专项硕士研究生招生计划的考生，应为高校学生应征入伍退出现役，且符合硕士研究生报考条件者〔高校学生指全日制普通本专科（含高职）、研究生、第二学士学位的应（往）届毕业生、在校生和入学新生，以及成人高校招收的普通本专科（含高职）应（往）届毕业生、在校生和入学新生，下同〕。考生报名时应当选择填报"退役大学生士兵"专项计划，并按要求填报本人入伍前的入学信息以及入伍、退役等相关信息，复试前须向招生单位提供《入伍批准书》和《退出现役证》进行复核。

（10）各省级招生考试机构和招生单位应遵循《无障碍环境建设法》《残疾人教育条例》和全国硕士研究生招生考试组织规则，参照《教育部 中国残联关于印发〈残疾人参加普通高等学校招生全国统一考试管理规定〉的通知》（教学〔2017〕4号）有关要求，积极为残疾人参加考试提供必要支持条件和合理便利。残疾考生如需组考单位在考试期间提供合理考试便利服务，应于报名阶段与报考点所在地省级招生考试机构和招生单位沟通申请，以便提前做好安排。

（11）考生应当认真了解并严格按照报考条件及相关政策要求填报志愿并选择报考点。因不符合报考条件及相关政策要求，造成后续不能网上确认、考试（含初试和复试）或录取的，后果由考生本人承担。

（12）考生应当按要求准确填写个人网上报名信息并提供真实材料。考生因网报信息填写错误、填报虚假信息而造成不能考试（含初试和复试）或录取的，后果由考生本人承担。

（13）考生网上报名成功后，应通过定期查阅省级教育招生考试机构、报考点、招生单位官方网站等方式，主动了解网上确认、考试安排及注意事项等，积极配合完成相关工作。

（14）考生应当按规定缴纳报考费。

71 高校大学生考研网上确认有哪些注意事项?

（1）网上确认时间由各省级教育招生考试机构根据国家招生工作安排和本地区报考组织情况自行确定和公布，具体确认工作由相关报考点组织实施。

（2）考生网上确认时应当积极配合报考点，根据核验工作要求提交有关补充材料。

（3）所有考生均应当对本人网上报名信息进行认真核对并确认。报名信息经考生确认后一律不作修改，因考生填写错误引起的一切后果由其自行承担。

（4）考生应当按报考点规定配合采集本人图像等相关电子信息。

招生单位和报考点应当根据相关规定，对考生报考信息和网上确认材料进行全面审查，确定考生的考试资格。

考生填报的报名信息与报考条件不符的，不得准予考试。报考点和招生单位发现有考生伪造、变造证件时，应立即向公安机关报案。

考生应当在考前十天左右，凭网报用户名和密码登录"研招网"自行下载打印《准考证》，《准考证》使用 A4 幅面白纸打印，正、反两面在使用期间不得涂改或书写。考生凭下载打印的《准考证》及有效居民身份证参加初试和复试。

考生报名时须签署《考生诚信考试承诺书》并遵守相关约定及要求。

72 高校大学生参加考研初试有哪些内容？（以 2023 年考研为例）

初试时间为 2023 年 12 月 23 日至 24 日（每天 8:30—11:30，14:00—17:00）。考试时间超过 3 小时或有使用画板等特殊要求的考试科目在 12 月 25 日进行（起始时间 8:30，截止时间由招生单位确定，不超过 14:30）。

考试时间以北京时间为准。不在规定日期举行的硕士研究生招生考试，国家一律不予承认。

硕士研究生招生初试一般设置四个单元考试科目，即思想政治理论、外国语、业务课一和业务课二，满分分别为 100 分、100 分、150 分、150 分。

教育学、历史学、医学等门类学术学位硕士研究生初试设置三个单元考试科目，即思想政治理论、外国语、专业基础综合，满分分别为 100 分、100 分、300 分。

体育、应用心理、博物馆、药学、中药、临床医学、口腔医学、中医、公共卫生、护理、医学技术、针灸等专业学位硕士研究生初试设置三个单元考试科目，即思想政治理论、外国语、专业基础综合，满分分别为 100 分、100 分、300 分。

会计、图书情报、工商管理、公共管理、旅游管理、工程管理和审计等专业学位硕士研究生初试设置两个单元考试科目，即管理类综合能力、外国语，满分分别为 200 分、100 分。

硕士研究生招生考试的全国统一命题科目为思想政治理论、英语（一）、英语（二）、俄语、日语、数学（一）、数学（二）、数学（三）、教育学专业基础、心理学专业基础、历史学专业基础、临床医学综合能力（中医）、临床医学综合能力（西医）、数学（农）、化学（农）、植物生理学与生物化学、动物生理学与生物化学、计算机学科专业基础、管理类综合能力、法律硕士专业基础（非法学）、法律硕士综合（非法学）、法律硕士专业基础（法学）、法律硕士综合（法学）、经济类综合能力、教育综合。其中，教育学专业基础、心理学专业基础、历史学专业基础、数学（农）、化学（农）、植物生理学与生物化学、动物生理学与生物化学、计算机学科专业基础、经济类综合能力、教育综合等科目由招生单位统筹考虑本单位实际情况自主选择使用。

医学学术学位硕士研究生初试业务课科目由招生单位按一级学科自主命题。口腔医学专业学位既可选用统一命题的临床医学综合能力科目，也可由招生单位自主命题。

招生单位必须按教育部的有关规定确定考试科目并使用相关试题。

初试方式均为笔试。

12 月 23 日上午：思想政治理论、管理类综合能力。

12 月 23 日下午：外国语。

12 月 24 日上午：业务课一。

12 月 24 日下午：业务课二。

12 月 25 日上午：业务课二（考试时间超过 3 小时或有使用画板等特殊要求的）。

每科考试时间一般为 3 小时；建筑设计等安排在 12 月 25 日考试的特殊科目考试时间最长不超过 6 小时。详细考试时间、考试科目及有关要求等由报考点和招生单位予以公布。

初试的组织工作和考务工作由教育部教育考试院及各级教育招生考试机构按照相关文件规定执行。

单独考试须在省级教育招生考试机构指定的报考点组织进行。

(73) 高校大学生参加考研复试有哪些流程？

复试时间、地点、内容、方式、成绩使用办法、组织管理等由招生单位按教育部有关规定自主确定。复试办法和程序由招生单位公布。招生单位原则上应采用命制多套试题、安排考生随机抽取试题等方式加强复试过程管理。招生单位全部复试工作一般应在录取当年 4 月底前完成。

招生单位应确定并公布报考本单位的考生进入复试的初试成绩要求（分学科门类或专业的总成绩、单科成绩要求，下同）等。

（1）在教育部划定的初试成绩基本要求基础上，结合生源、招生计划、复试比例等情况，自主确定本单位考生进入复试的初试成绩要求及其他学术要求，但不得出台歧视性或其他有违公平的规定。

经教育部批准的部分招生单位可直接自主划定考生进入复试的初试成绩要求，并报省级教育招生考试机构备案，未经备案的不得公布执行。

相关招生单位自主确定并公布报考本单位临床医学、口腔医学和中医（以下简称临床医学类）专业学位硕士研究生进入复试的初试成绩要求。教育部划定的临床医学类专业学位硕士研究生初试成绩基本要求供招生单位参考。

招生单位自主划定或确定的总分要求低于教育部划定的初试成绩基本要求的专业，下一年度不得扩大该专业招生规模（不含"退役大学生士兵"专项计划）。

（2）自主确定"退役大学生士兵"专项计划考生进入复试的初试成绩要求、该计划接受考生调剂的初试成绩要求。

（3）自主确定参加单独考试的考生进入复试的初试成绩要求。对初试公共科目成绩略低于全国初试成绩基本要求，但专业科目成绩特别优异或在科研创新方面具有突出表现的考生，可允许其破格参加第一志愿报考单位第一志愿专业复试（以下简称破格复试）。

破格复试应优先考虑基础学科、艰苦专业以及国家急需但生源相对不足的学科、专业。对第一志愿合格生源不足的专业，招生单位要积极做好调剂工作，不得单纯为完成招生计划或保护第一志愿生源而降低标准进行破格复试。合格生源（含调剂生源）充足的招生专业一般不再进行破格复试。破格复试考生不得调剂。

破格复试办法、程序及相关考生名单须经招生单位研究生招生工作领导小组研究审定。

复试采取差额形式，招生单位自主确定复试差额比例并提前公布，差额比例一般不低于120%，合格生源比例不足的，按实际合格生源数组织复试。

少数民族考生身份以报考时查验的身份证为准，复试时不得更改。少数民族地区以国务院有关部门公布的《中国民族自治区、自治州、自治县一览表》为准。

考生应自觉遵守招生单位考场规则及考生所签署的《诚信复试承诺书》等内容，在招生单位复试工作结束前不得对外透露或传播复试试题内容等有关情况。

以同等学力参加复试的考生，在复试中须加试至少两门与报考专业相关的本科主干课程。加试科目不得与初试科目相同。加试方式为笔试。报考法律硕士（非法学）、工商管理硕士、公共管理硕士、工程管理硕士或旅游管理硕士的同等学力考生可以不加试。对成人教育应届本科毕业生及复试时尚未取得本科毕业证书的自考和网络教育考生，招生单位可自主确定是否加试，相关办法应在招生章程中提前公布。

会计硕士、图书情报硕士、工商管理硕士、公共管理硕士、旅游管理硕士、工程管理硕士和审计硕士的思想政治理论考试由招生单位在复试中进行，成绩计入复试总成绩。

外国语听力及口语测试均在复试中进行，由招生单位自行组织，成绩计入复试总成绩。

招生单位认为有必要时，可对考生再次复试。

(74) 高校大学生考研如何参与调剂？

招生单位在第一志愿合格生源不足时，可组织开展调剂工作。招生单位接收所有调剂考生（含报考"退役大学生士兵"专项计划与普通计划之间调剂的考生等）均须通过教育部"全国硕士生招生复试调剂服务系统"进行，严禁通过其他渠道接收调剂考生。

开展调剂的招生单位应当按教育部有关政策以及本单位学科

建设和发展需要，坚持"公平、公正、公开"的原则，科学、规范制订调剂工作办法，并提前在"全国硕士生招生复试调剂服务系统"和本单位网站公布。

招生单位调剂工作办法应明确接受考生调剂的时间、基本要求（含考生第一志愿专业范围、初试科目、初试成绩要求等，其中初试成绩含加分）、工作程序、复试办法（含考生进入复试的遴选规则）、咨询渠道等信息，报本单位招生工作领导小组审定，其中涉及考生第一志愿专业范围等学术要求的，须先经本单位学位评定委员会或学术委员会审核同意，确保科学性。调剂考生初试成绩须符合第一志愿报考专业在调入地区的全国初试成绩基本要求，并符合调入专业的报考条件。原则上，调剂考生第一志愿专业与调入专业相同相近，或初试科目与调入专业初试科目相同相近。

招生单位要规范制订调剂考生进入复试的遴选规则，不得将考生第一志愿报考单位、毕业院校、提交调剂志愿的时间先后顺序等非学业水平标准作为遴选依据。对申请同一招生单位同一专业、初试科目完全相同的调剂考生，招生单位应当按考生初试成绩择优遴选进入复试的考生。招生单位研究生招生管理部门统一管理本单位调剂工作，统一审核院（系、所）调剂细则、统一发布调剂信息、统一监督巡查、统一审核调剂复试及录取名单、统一办理相关手续。

省级教育行政部门、教育招生考试机构要加强对属地招生单位调剂办法、调剂录取名单的审核，及对调剂工作的监督。

第一志愿报考以下专业（或专项计划）应遵循相关调剂要求。

（1）报考照顾专业（指工学照顾专业、中医学、中西医结合、中医硕士、体育学、体育硕士，教育部将根据国家战略需要、社会发展需求、考生报考情况等因素适时调整，下同）的考生若调剂出本类照顾专业，其初试成绩必须达到调入地区该照顾专业所在学科门类的全国初试成绩基本要求。

报考非照顾专业的考生若调入照顾专业，其初试成绩必须符合调入地区对应的非照顾专业所在学科门类的全国初试成绩基本要求。

工学照顾专业之间，中医学、中西医结合与中医硕士之间，体育学与体育硕士之间调剂，按本类照顾专业全国初试成绩基本要求执行。

（2）报考工商管理、公共管理、旅游管理、工程管理、会计、图书情报、审计专业学位硕士的考生，在满足调入专业报考条件且初试成绩同时符合调出专业和调入专业在调入地区的全国初试成绩基本要求的基础上，可申请相互调剂，但不得调入其他专业；报考其他专业的考生不得调入以上专业。

（3）报考"退役大学生士兵"专项计划的考生，申请调剂到普通计划，其初试成绩须达到调入地区相关专业所在学科门类的全国初试成绩基本要求。符合条件的，可按规定享受退役大学生士兵初试加分政策。

报考普通计划的考生，若符合"退役大学生士兵"专项计划报考条件，可申请调剂到该专项计划，其初试成绩须符合相关招生单位确定的接受"退役大学生士兵"专项计划考生调剂的初试成绩要求。对于"退役大学生士兵"专项计划和普通计划之间的调剂，招生单位须严格按照调剂程序和要求组织，不得直接改变考生志愿、调整计划类型进行复试录取。

（4）招生单位自主确定并公布本单位接受报考其他单位临床医学类专业学位硕士研究生调剂的成绩要求。教育部划定临床医学类专业学位硕士研究生初试成绩基本要求作为报考临床医学类专业学位硕士研究生的考生调剂到其他专业的基本成绩要求。

报考临床医学类专业学位硕士研究生的考生可按相关政策调剂到其他专业，报考其他专业（含医学学术学位）的考生不可调剂到临床医学类专业学位。

（5）报考法律（非法学）专业学位硕士的考生不得调入其他专业，其他专业的考生也不得调入该专业。

（6）报考"少数民族高层次骨干人才计划"的考生不得调剂到该计划以外录取；未报考的不得调剂入该计划录取。

（7）参加单独考试（含强军计划、援藏计划）的考生不得调剂。

招生单位应充分利用"全国硕士生招生复试调剂服务系统"和咨询电话等渠道为调剂考生做好政策宣传解读、咨询答复等服务保障工作。

招生单位应根据本单位复试录取情况，通过本单位官方网站和"全国硕士生招生复试调剂服务系统"及时、准确地发布招生计划余额信息。严禁招生单位任何工作人员和学生未经单位授权擅自发布调剂信息。

招生单位通过"全国硕士生招生复试调剂服务系统"自主设定调剂系统持续时间、考生调剂志愿锁定时间等，并在时间安排上为考生提供合理便利。其中，每次开放调剂系统持续时间不得低于 12 小时，考生调剂志愿锁定时间不得超过 36 小时。锁定时间到达后，如招生单位未明确受理意见，系统自动解除锁定，考生可继续填报其他志愿。

75 高校毕业生申请留学有哪些流程？

（1）了解留学资讯

出国留学的前期需要通过各种渠道和途径了解基本信息，例如不同国家留学的优势和弊端，需要准备的证明及材料、申请条件、留学费用等。

（2）确定目标院校及专业

接下来需要确定好目标院校及专业。定校定专业的时候我们需要结合自己的实际情况和相关课程要求，看自己是否有较大机会能够拿到 offer，一般可以结合自身情况选定 5~6 所目标院校；另外也可以参考 QS 世界大学排名、泰晤士高等教育世界大学排名（TIMES），结合自己的兴趣爱好和多方面的信息确定自己心仪的院校和专业。

（3）准备相关考试

出国留学通常最基本的要求就是语言能力，因此参加语言考试是必不可少的一步，目前英语国家留学比较认可的是雅思和托福成绩；这两门考试都是不限地点不限时间的，大家可以根据自己的需要选择合适的考点，成绩有效期为两年。

对于想要申请商科的同学们来说，英、美、澳等国高校商学院部分专业有经企管理研究生入学考试（GMAT）要求，通常要达到 600 分及以上，目前考试费为 1725 元 / 次，有效期为 5 年。

（4）准备申请材料

一般出国留学需要准备的申请材料有在读证明/毕业证学位证、中英文成绩单、语言成绩证明（托福、雅思等）、简历（CV）、个人陈述（PS）、推荐信、工作或实习证明（若有）等，另外个别专业课程会要求提供 GRE/GMAT、作品集等辅助材料，具体材料细节可参照目标学校的官网申请要求。

（5）递交申请

出国留学申请的最后一步就是递交申请材料，另外在拿到 offer 换 取 CAS（Confirmation of Acceptance for Studies）之后需要进行签证的申请，完成最后这两道申请整个申请流程就基本结束了。

以上是出国留学的一般申请流程介绍了，由于各个院校的申请开放时间和材料有所区别，因此在申请时大家需要参考官网的要求去准备。

76 高校毕业生如何准备"雅思"英语考试？

"雅思"英语水平考试适用的国家如下。

（1）英联邦国家为主，即英国、加拿大、澳大利亚、新西兰等。

（2）美国部分学校（包括常春藤联校）也接受雅思成绩，但认可度没有托福成绩高。

（3）一些非英语国家也认可雅思成绩，在申请学校时需要递交雅思成绩，如德国、荷兰、法国、南非等。

雅思考试包括四大部分，依次为听力、阅读、写作和口语，考试时间共 2 小时 45 分钟。每部分都独立评分，四部分得分的平均分作为考生的雅思综合得分（小数部分取舍到最近的分或半分，即如果平均分为 6.125，雅思得分算作 6 分）。成绩单上将列出考生每一部分的得分，同时给出考生的综合得分。雅思考试满分为 9 分。

前三部分通常称为笔试。口语也称为口试，根据排序情况，从周六下午至周日下午完成。极个别情况会安排于周一至周五考试。

听力部分考试时间为 40 分钟。前 30 分钟为听录音答题时间，考生需根据听到的录音内容回答大约 40 个问题。阅读部分考试时间为 60 分钟。由三篇独立的文章组成（包括有 10 种左右的题型），每篇的文章长度在 800~1200 个单词，原则上有 38~42 道题，但迄今为止在国内考场 40 道题最为常见。写作部分考试时间为 60 分钟。考生须写两篇文章，其中第一篇文章要求至少 150 个单词（通常称为小作文），第二篇文章要求至少 250 个单词（通常称为大作文）。口语部分考试时间为 10~15 分钟。考生将与由考试中心任命并经剑桥大学考试委员会（UCLES）认证的考试官进行会话。第一阶段：自我介绍。考生主要回答一些有关个人情况的问题，例如：工作、学习、兴趣爱好、考试目的、未来打算等，也可能让考生描述一些自己的亲身感受。第二阶段：个人表述。考生抽取一张写有话题的卡片，一分钟准备时间后，尽量多说直到考官叫停。最后阶段：双向讨论。主要是对第二阶段话题的延伸和发散，对话题进行进一步的讨论。

考试成绩在考试后 10 个工作日后通知考生。成绩有效期为两年。

⑦ 高校毕业生如何准备"托福"英语考试?

托福英语考试主要适用于北美国家,如加拿大、美国,英联邦国家对托福成绩的要求也逐渐开放。

新托福由四部分组成,分别是阅读(Reading)、听力(Listening)、口试(Speaking)、写作(Writing)。每部分满分30分,整个试题满分120分。阅读有3篇文章,每篇文章对应有12~14道试题,均为选择题。新一代托福阅读文章的篇幅比老托福阅读文章的篇幅略长,难度也有所增加。这部分持续时间为1小时。听力由两篇较长的校园情景对话和4篇课堂演讲组成,课堂演讲每篇长约5分钟。由于是机考,考生在听录音资料之前无法得知试题。在播放录音资料时,电脑屏幕上会显示相应的背景图片。考生可以在听音过程中记笔记。考生不能复查、修改已递交的答案。这个部分持续大约50分钟。听力水平无疑是新托福成功与否的关键,除阅读外,无论哪一部分都离不开"听"。口试(Speaking)把TSE(Test of Spoken English)融合在新托福中。然而与现行的TSE相比又有较大改动。这个部分共有6道题,持续约20分钟。第一、二题要求考生就某一话题阐述自己的观点。第三、四题要求考生首先在45秒内阅读一段短文,随后短文隐去,播放一段与短文有关的对话或课堂演讲。最后,要求考生根据先前阅读的短文和播放的对话或课堂演讲回答相关问题,考生有30秒钟的准备时间,然后进行60秒钟的回答。第五、六题要求考生听一段校园情景对话或课堂演讲,然后回答相关问题。考生有20秒钟的准备时间,之后进行 60 秒钟的回答。考生可以在听音过程中记笔记以帮助答题。在准备和答题时，屏幕上会显示倒计时的时钟。写作要求考生在 1 小时内完成两篇作文。其中一篇类似于老托福的写作，要求考生在 30 分钟内就某一话题阐述自己的观点，字数要求为 300 字以上。另一篇则要求考生首先阅读 1 篇文章，5 分钟以后，文章隐去，播放一段与文章有关的课堂演讲。课堂演讲列举了一些论据反驳文章中的论点、论据。随后要求考生在 20 分钟内写 1 篇作文，总结课堂演讲的论点、论据，并陈述这些论点、论据是如何反驳文章的论点、论据的，字数要求为 150~225 字之间。在写作时，文章会重新显示在屏幕上。这篇作文不要求考生阐述自己的观点。加试：一般在实际考试中，考生往往会在听力或阅读部分碰到加试试题，也有可能阅读、听力两部分同时被加试。加试部分不算分（有人说会算分，说是抽几题给分），但考生事先并不知道哪一部分是加试部分（有的时候经典加试是能判断出来的），所以应该认真对待。

(78) 高校毕业生是否需要选择留学中介帮助申请？

留学中介是专门协助完成申请工作的机构，服务包括拟定所需文书和材料，以及指导面试、指导签证等，它的作用更多是帮助我们获得全面有效的信息＋专业化申请流程，节省时间。

对于没有国外经历的学生，在学校申请的过程中，没有可靠的信息来源，没有时间自己搜集各种留学信息，或语言水平不够，或对自己未来的留学规划不是很清晰的同学，可以尝试先去通过中介进行了解。对于已经在国外留学，或者对留学很熟悉的学生而言，则并不一定需要找寻中介。

选择出国留学中介，须综合考虑留学中介的师资是否专业可靠、申请流程是否向申请者透明、申请文书是否原创、收费退费是否合理、口碑评价如何等，通过这几个方面来比较最终做出选择。

79 高校大学生在江西哪些高校就读能够获得保研资格？

保研（推荐优秀应届本科毕业生免试攻读硕士学位研究生），顾名思义，就是被保送者不经过笔试等初试一些程序，通过一个考评形式鉴定学生的学习成绩、综合素质等，在一定范围内，直接由学校保送读研究生。保研的这部分本科生称为"推免生"。规则制订和操作权由各校掌握，因此学校不同，保研情况也各不相同。

在江西省高等院校中，具有保送免试研究生资格的高等院校数量总计为8所，分别是南昌大学、江西财经大学、江西师范大学、南昌航空大学、江西理工大学、华东交通大学，江西农业大学和江西中医药大学。

2023年江西省高校保研率：南昌大学16.7%，江西财经大学7.4%，江西师范大学6.1%，江西农业大学5.31%，江西理工大学4.47%，江西中医药大学3.75%，南昌航空大学3.37%，，华东交通大学2.92%。

能够获得"保研资格"可以省去很多时间，但获得"保研资格"也同样不易，需要满足如下4点条件，缺一点都不可以。

（1）就读学校有保研资质

拥有保研资格的同学，有一个非常重要的条件，就是同学们要先看看自己就读的大学是否具有保研的资质。因为大学的保研名额是非常有限的，有的学校会有保研资质，而有的学校没有。

（2）英语成绩好

想要拥有保研资格，英语成绩也是一个重要的参考，大多数院校的保研资格都要求英语成绩要达到 6 级。不仅如此，英语 6 级也有相应的分数要求，达到一定分数线，才可以有资格。有的学校还会有雅思成绩的要求，所以，英语成绩好也同样是非常重要的。

（3）大学各方面成绩优异

拥有保研资格的同学在大学成绩一定要很优异。不能出现挂科的情况，如果有挂科，会直接取消保研资格。

想要取得资格，各方面的学习成绩都要是最突出的，或者某一方面有特别杰出的贡献。有保研意向的同学尽早要好好学习，取得优异的成绩。一定要重视必修课和专业课。

（4）多参加比赛和活动

除了专业成绩要优异外，保研也更加注重同学们的能力，比如多参加比赛或者是活动，尤其是比较大型的比赛，如果获得了名次，是非常有含金量的。这会为自己保研争取到更多的机会。在学校期间，也要努力考取一些证书，最好再有科研成果，这都是同学们实力的有力体现。

在大学里保研资格非常珍贵，数量也有限，同学们了解保研需要哪些条件后，一定要及早准备。

80 高校大学生通过夏令营保研的时间流程是怎样的？

（1）大三下学期（1—3月）：准备文书材料，包括简历、个人陈述、推荐信、研究计划、代表性学术论文、获奖证书、成绩排名证明等资料。

（2）大三下学期（4—5月）：填好夏令营申请系统，部分院校要求邮寄纸质材料。

（3）大三下学期（6月）：等待申请的学校发放夏令营入营通知，如果入营，需要确认是否参加夏令营。

（4）大三暑假（7月）：参加外校夏令营，包括学术讲座、笔试面试；夏令营考核结束后，外校发布夏令营优秀营员，获得优秀营员即代表获得该学校 offer。

（5）大三暑假（8月）：填好预推免申请系统，部分院校要求邮寄纸质材料。

（6）大四开学（9月）：对方学校会发布预推免复试通知，入围的同学确认是否参加预推免复试，外校根据学生们的笔试面试表现确认哪些获得 offer；同时，本校会组织保研资格评定，评定出哪些同学具备保研资格。

（7）大四（9月28日）：教育部推免系统开放，获得保研资格的同学在系统上填报获得夏令营 offer 或者预推免 offer 的学校，这些学校会发布正式录取，学生只能接受一个学校的正式录取，接受后，任何组织/个人无权改变。没有任何夏令营/预推免 offer 的学生需要寻找没有招满学生的学校，继续参加考核。

81 高校大学生保研有哪些方式？

保研方式有 4 种：迷你营（部分高校开设）、夏令营、预推免和国家正式推免。

（1）迷你营

迷你营近年兴起，是夏令营的提前批，开放 30% 以内名额，大多只在一些有名的东部城市或重要的一线城市有宣讲，如上海高级金融学院金融硕士迷你营。

各校笔试内容不一样，学术硕士多以专业课基础知识为主，专业硕士多注重应用学科专业课知识以及行政职业能力测试；面试主要形式为结构化面试，部分院校可能出现无领导小组面试的形式。

（2）保研夏令营

保研夏令营是近几年各高校（特别是著名高校）抢夺优质生源的一种方式。利用暑假中一周左右的时间，与学生较长时间的接触，通过参观实验室，介绍各导师研究方向，学术交流会等形式，以确定是否发放拟录取通知书。

不同院校的考试形式可能有所不一，有些是笔试加面试，有些只有面试，面试内容分为中英文面试和无领导小组面试，专业问题加简历问题是常备状态。建议提前联系以前参加过对方院校推免生复试的学长以获得具体信息。

（3）预推免

预推免是继夏令营之后，保研同学的第二次机会，许多学校会将夏令营通知和预推免通知合二为一。

各大高校在 9 月底正式推免之前，会发布院校预招收推免生的申报条件，保研的同学可以根据目标院校预推免的要求来准备相应的材料。

（4）国家正式推免

国家正式推免，也就是"九推"，又称为九月正式推免，指的是国家推免服务系统开始到结束这段时间，时间是 9 月 28 日到 10 月 25 日。

很多学校对于发放了录取资格的学生，会要求在系统开放后第一时间填报该校。在迷你营、夏令营和预推免中获得不错Offer 的同学，一般不会再参与正常推免竞争。

推免系统可以一次填报 3 个志愿，建议分层次填报。如果在48 小时内没有收到复试通知或者被明确拒绝，可以继续填报其他的志愿。

填报志愿后就要密切关注，一旦收到复试邀请，就立刻同意，不同学校对时间要求都是不一样的，可能手慢 offer 就没了，然后按照要求参加复试，如果被拒绝，就继续尝试填报其他学校。

82 高校大学生如何通过研究生支教团保研？

中国青年志愿者研究生支教团（以下简称研支团）由共青团团中央、教育部共同组织实施，采取自愿报名、公开招募、定期轮换的"志愿＋接力"的方式，每年在全国部分高校中招募一批具备推荐免试攻读硕士学位研究生条件的优秀应届本科毕业生和在读研究生，到西部地区县级及以下中小学校开展为期一年的基础教育教学志愿服务工作，同时开展力所能及的扶贫服务，研支团执行西部计划相关政策补助。

通过学校研支团招募的选拔就可以获得本校保研资格，同本年学业推免生一样填写推免系统。参与研支团的学生大四时在校团委见习一年，同时还要完成研支团的培训；本科毕业后去支教一年，不仅需要完成支教学校的教学教育任务，还需要完成当地团委的相关工作安排，考核合格才有资格回校读研；研一还需继续在校团委工作，带下一届研支团。

(83) 高校大学生参加保研夏令营需要准备什么?

夏令营是近年来的各高校争取优质生源的一种方式，一般来说，5月份左右各高校都会公布夏令营活动通知。夏令营申请材料一般包括申请表、个人陈述、简历、专家推荐信、成绩单、英语水平等证明材料（反映个人学术水平的学术论文、各种获奖证书等）。

当看到目标院校发布的夏令营通知或者接收推免生公告后，可以着手准备材料，有些学校可能要求提供电子稿，有些需要直接邮寄材料（建议首选 EMS），有些则可能要求先在报名系统里填写部分信息，再邮寄材料。

需要准备的材料一般包括以下内容。

（1）本科前 5 个学期的成绩单（须加盖学院和学校教务处公章）。

（2）夏令营申请表（去各个院系官网下载，其内容主要涉及科研实践经历、论文发表、成绩排名等信息，须打印出来加盖学院和学校教务处公章）。

（3）个人自述（包括科研经历、学术论文、兴趣爱好、研究生期间研究计划、职业规划等多个方面）。

（4）推荐信（一般而言需要副教授级别以上的老师填写）。

（5）英语成绩单（四、六级成绩单，雅思、托福成绩单）。

（6）相关科研竞赛证书，各类科研工作、学生工作等证明。

（7）论文。

（8）身份证及学生证复印件。

注意提交文书材料的截止日期，尽量越早越好，避免出现逾期的情况，有的院校会采取录满则止的办法，而不是等到最后一天。

84 高校毕业生离校要办理哪些手续？

（1）离校时已经落实工作单位

①尽快与用人单位签订劳动合同。

②跟进社会保险缴纳情况。

③在规定时间内办理户口迁移、党团组织关系等转接手续。

④查询档案转递去向。

（2）离校时还未落实工作单位

①根据本人意愿选择将户口、档案在学校保留两年，或转入原户籍地。

②以应届毕业生身份参加用人单位考试、录用。

③落实工作单位后，参照应届毕业生办理相关手续。

85 高校毕业生的人事档案如何保管？

高校毕业生到具有档案管理权限的机关、事业单位、国有企业就业的，由单位直接接收、管理档案。到无档案管理权限的单位（私营企业、外资企业等）就业的，可由各地公共就业和人才服务机构负责提供档案管理等人事代理服务。高校毕业生离校时没有就业的，档案可由学校统一发回原户籍所在地公共就业和人才服务机构保管。档案不允许个人保存。

按照《关于进一步加强流动人员人事档案管理服务工作的通知》（人社部发〔2014〕90号）、《流动人员人事档案管理暂行规定》规定，流动人员档案具体包括：非公有制企业和社会组织聘用人员的档案；辞职辞退、取消录（聘）用或被开除的机关事业单位工作人员档案；与企事业单位解除或终止劳动（聘用）关系人员的档案；未就业的高校毕业生及中专毕业生的档案；自费出国留学及其他因私出国（境）人员的档案；外国企业常驻代表机构的中方雇员的档案；自由职业或灵活就业人员的档案；其他实行社会管理人员的档案。

流动人员人事档案管理实行集中统一、归口管理的管理体制，主管部门为政府人力资源社会保障部门，接受同级党委组织部门的监督和指导。流动人员人事档案具体由县级以上（含县级）公共就业和人才服务机构以及经人力资源社会保障部门授权的单位管理，其他单位未经授权不得管理流动人员人事档案。严禁个人保管本人或他人的档案。跨地区流动人员的人事档案，可由其户籍所在地或现工作单位所在地的公共就业和人才服务机构管理。

2015 年 1 月 1 日起，取消收取人事关系及档案保管费、查阅费、证明费、档案转递费等名目的费用。各级公共就业和人才服务机构应提供免费的流动人员人事档案基本公共服务。

86 高校毕业生如何参加就业见习？

就业见习是指由各级人力资源社会保障部门根据离校未就业高校毕业生本人意愿，组织其到经政府认定的就业见习单位进行见习锻炼、积累工作经验、提升就业能力的一项就业促进措施。就业见习还可以是毕业生走向职场的一个过渡期，通过到单位见习工作，一方面可以缓解毕业焦虑心理，增强社会适应性，建立自己的择业观；另一方面积累相关工作经验，增强理论实践能力，激发自我潜能，进而提升就业竞争力，为未来就业打好基础。

就业见习岗位主要包括科研类、技术技能类、管理类、社会服务类，其中科研类岗位由承担科技项目的研究型大学、科研院所、科技型企业开发，管理类岗位由事业单位、国有企业、中小微企业开发。

就业见习主要面向离校两年内未就业高校毕业生和 16~24 岁失业青年，报名条件需为当地户籍、离校两年内未就业高校毕业生等，另外还须符合见习岗位所需专业知识要求。各省市针对就业见习人员报名条件规定有差别，准备参加就业见习的毕业生一定要提前了解就业见习报名条件以及见习期限的具体规定。

就业见习期限一般在 3—12 个月，由见习双方自行约定，自签订《就业见习协议书》之日起至见习期满之日止，从各省市区规定来看，见习期限均不超过 12 个月。

87 高校毕业生参加见习有哪些注意事项？

（1）参加就业见习前

在参加就业见习前，要注意辨别见习基地真假，选择符合当地人社部门规定的见习单位。各地面向多种类型的企业招募就业见习岗位，经过人社部门审核、复核、公示等环节评选出合规的就业见习基地。毕业生要从各地官方发布平台查询就业见习招募信息。对于未公示的就业见习单位，要警惕招聘陷阱。

（2）见习期间

见习期内见习人员与见习基地须签见习协议。一般双方签订的见习协议会明确见习岗位、见习期限、见习生活费、见习地点、月度出勤计划和双方权利义务等内容。因此，在签订见习协议时，应注意见习期限是否符合当地的规定，注意见习补贴是否符合当地的规定，以及单位是否购买保险。见习人员应遵守见习单位的规章制度，见习单位也应履行协议规定。如遇到见习单位存在违反协议规定或侵权行为的，见习人员可以解除协议，并向当地人社部门反映或举报。

参加就业见习期间，毕业生要提高警惕，保留好协议、银行转账记录、工作记录等材料，以防止受到损伤时却无法维权。如果发生意外事故，见习人员出险后应第一时间应报告见习管理机构及见习基地，向保险公司报案。

（3）见习期满后

见习期结束后，毕业生被见习单位正式录用，才签订劳动合同。因此，在见习期即将届满时，见习人员需要与单位沟通，及时签订劳动合同。如果见习期满，毕业生未被录用，还可以继续享受就业指导与服务。离校未就业高校毕业生见习期满后，还可按规定参照应届毕业生享受有关政策。

88 高校毕业生如何参加政府职业培训？

职业培训由各地人力资源社会保障部门负责组织实施。高校毕业生可到当地人力资源社会保障部门咨询了解职业培训开展情况，选择适宜的培训项目参加。职业培训工作主要由政府认定的培训机构、技工院校或企业所属培训机构承担。

高校毕业生毕业年度内参加就业技能培训或创业培训，可按规定向当地人力资源社会保障部门申请职业培训补贴。毕业后按规定进行了失业登记的高校毕业生参加就业技能培训或创业培训，也可向当地人力资源社会保障部门申请职业培训补贴。按照《财政部、人力资源和社会保障部关于进一步加强就业专项资金管理有关问题的通知》（财社〔2011〕64号）等文件规定，申请材料经人力资源社会保障部门审核后，财政部门按规定将补贴资金直接拨付给申请者本人。职业培训补贴申请材料应附：培训人员《身份证》复印件、《就业创业证》复印件、职业资格证书（专项职业能力证书或培训合格证书）复印件、就业或创业证明材料、职业培训机构开具的行政事业性收费票据（或税务发票）等凭证材料。高校毕业生参加就业技能培训或创业培训后，培训合格并通过职业技能鉴定取得初级以上职业资格证书（未颁布国家职业技能标准的职业应取得专项职业能力证书或创业培训合格证书），

6 个月内实现就业的，按职业培训补贴标准的 100% 给予补贴；6 个月内没有实现就业的，取得初级以上职业资格证书，按职业培训补贴标准的 80% 给予补贴；取得专项职业能力证书或创业培训合格证书，按职业培训补贴标准的 60% 给予补贴。

(89) 高校毕业生如何获取职业资格证书？

高校毕业生个人可向职业技能鉴定所（站）自主申请职业技能鉴定。职业技能鉴定要参加理论知识考试和操作技能（专业能力）考核。经鉴定合格者，由人力资源社会保障部门核发相应的职业资格证书。

（1）申请职业培训报名

职业培训由各地人力资源社会保障部门负责组织实施，高校毕业生可到当地人力资源社会保障部门咨询了解职业培训开展情况，选择适宜的培训项目参加，职业培训工作主要由政府认定的培训机构、技工院校或企业所属培训机构承担。

（2）参加职业技能鉴定考试

参加理论和实践考试，时间统一由培训机构或者院校安排。

（3）领取职业资格证书

考试成绩合格后由人力资源社会保障部核发职业资格证书，统一在培训机构或院校领取。

90 什么是"宏志助航计划"？

为深入贯彻落实党中央、国务院稳就业决策部署，促进重点群体毕业生顺利就业，教育部印发通知，部署实施2023年度"中央专项彩票公益金宏志助航计划"（以下简称"宏志助航计划"）。通过深入开展线下集中培训、线上网络培训和专项就业帮扶，帮助重点群体毕业生增强就业信心、提高综合素质和就业能力。

依托全国135个高校毕业生就业能力培训基地组织实施线下集中培训，培训内容包括自我认知、职业探索、目标选择、简历制作、面试指导等10个主题，覆盖大学生从求职准备到签约就业全过程。

"宏志助航"网站是服务于教育部"宏志助航"帮扶计划，面向全国高校学生，提供就业能力课程学习和服务的公益性网站。教育部学生服务与素质发展中心通过全国高校毕业生就业能力培训网络平台（https://hzzh.chsi.com.cn）开展线上网络培训，面向全体在校生免费开放。平台整合"互联网＋就业指导"公益直播课和知名企业提供的优质资源，提供通用类和专业类等不同专题的网络培训课程。

目前，网络平台已上线100门课程，视频数量超过2500个，内容涵盖形势政策解读、求职技能提升、行业趋势分析、就业权益维护等，帮助学生准确把握发展趋势，不断拓宽求职视野，切实提升求职本领，增强个人综合素质。

教育部鼓励各地各高校设立省级、校级"宏志助航计划"项目，积极争取本地政策和资金支持，调动更多社会资源，推动培训覆盖更多毕业生。积极整合就业岗位资源，举办"宏志助航计划"高校毕业生专场招聘活动，精准挖掘市场化岗位渠道，推动基层服务项目、科研助理等政策性岗位向重点群体高校毕业生倾斜，持续为参训毕业生提供简历"问诊"、面试指导、岗位推荐等"不断线"的就业指导服务，帮助毕业生尽快明确求职意向，实现尽早就业。

91 高校毕业生如何申请职业技能鉴定补贴?

按照《财政部、人力资源社会保障部关于进一步加强就业专项资金管理有关问题的通知》（财社〔2011〕64号）等文件规定，对高校毕业生在毕业年度内通过初次职业技能鉴定并取得职业资格证书或专项职业能力证书的，按规定给予一次性职业技能鉴定补贴。

通过初次职业技能鉴定并取得职业资格证书或专项职业能力证书的，可向职业技能鉴定所在地人力资源社会保障部门申请一次性职业技能鉴定补贴。职业技能鉴定补贴申请材料应附：申请人《身份证》复印件、《就业创业证》复印件、职业资格证书复印件、职业技能鉴定机构开具的行政事业性收费票据（或税务发票）等凭证材料，经人力资源社会保障部门审核后，财政部门按规定将补贴资金支付给申请者本人。

92 高校毕业生签订三方协议的注意事项？

《全国普通高等学校毕业生就业协议书》（简称"就业协议书"或者"三方协议"），由学校、用人单位和毕业生三方签订，是明确三方在就业择业过程中权利义务关系的书面协议，对签约的三方均具有约束力。有些高校的就业协议书签订分为纸质签约和网上签约，两者选一即可，同学们可关注学校发布的相关信息，了解就业协议书签约方式。

签订三方协议时需要注意以下事项。

（1）明确违约金数额。通常公司在签约时会提出违约金的金额，毕业生要在协商中力争将违约金降到最低，违约金一般不得高于损失的 30%。违约金特别高的单位要慎签。

（2）"备注"部分允许三方另行约定各自的权利义务。为防止用人单位的承诺无法落实，毕业生可以将工资、奖金、补贴、休假、住房、保险等协商好的福利待遇在备注栏中写清楚，不要留白。

（3）正式签订三方协议时，一定要仔细和慎重，看清三方协议的每一则条款，注意用人单位名称，观察用人单位名称是否与印章名称一致，确保无误后再签订。

（4）签三方后不想去怎么办？毕业生一旦违约必须承担违约责任，在征得用人单位同意并交纳违约金后才可重新签约。毕业生违约时，必须办理完毕与原签约单位的解约手续，然后将原协议书还学校招生就业工作处，并换取新的协议书。

签订三方协议后一旦违约，除毕业生承担违约责任、支付违约金外，还可能影响自身就业及学校声誉，须谨慎考虑。

（5）就业发生纠纷，怎么办？可以向学校联系咨询，寻求帮助；向用人单位的上级主管部门提出申诉；提交给当地的劳动争议仲裁机构进行调解和仲裁等；可向人民法院提起诉讼；对用人单位违法违规情况，可向人力资源社会保障部门举报、投诉。

三方协议虽不是劳动合同，但作为一种普通的民事合同，仍具有约定的法律效力，适用合同法。

⑨³ 高校毕业生签订劳动合同有哪些注意事项？

《中华人民共和国劳动合同法》（以下简称《劳动合同法》）规定，建立劳动关系，应当订立书面劳动合同。已建立劳动关系，未同时订立书面劳动合同的，应当自用工之日起一个月内订立书面劳动合同。

书面劳动合同记载了劳动者工作的岗位、工资标准、工作内容和工作地点以及工作时间和休息休假等内容，有了书面劳动合同劳动者在用人单位工作期间就有了保障，即使日后发生劳动争议，书面劳动合同也是证明劳动者身份和确定双方权利义务关系的重要文件。

（1）劳动合同签订时间

用人单位与劳动者应当在建立劳动关系的一个月内签订劳动合同。如果超过一个月不满一年未签订书面劳动合同，用人单位须向劳动者支付双倍工资；如果超过一年未签订书面劳动合同，用人单位需要向劳动者支付 11 个月的双倍工资，同时，签订无固定期限劳动合同。如果在就业过程中，求职者遇到了上述情况，可以通过协商、申诉、仲裁直至诉讼的渠道要求赔偿。

（2）劳动合同的类型

劳动合同分为以下三种。

①固定期限劳动合同，是指用人单位与劳动者约定合同终止时间的劳动合同。

②无固定期限劳动合同，是指用人单位与劳动者约定无确定终止时间的劳动合同。

③以完成一定工作任务为期限的劳动合同，是指用人单位与劳动者约定以某项工作的完成为合同期限的劳动合同。

需要注意的是，无固定期限合同是指劳动合同没有一个确切的终止时间，合同期限长短不作约定，但并不是没有终止时间。事实上，除了没有"合同期满"这一终止条件外，无固定期限劳动合同与固定期限劳动合同并没有很大区别。只要符合法律规定的条件，劳动者与用人单位都可以依法解除劳动合同，劳动者退休、死亡，用人单位破产、注销等法定事宜出现也会终止劳动合同。

（3）劳动合同何时生效

通常情况下，用人单位与劳动者经协商一致，双方在劳动合同文本上签字盖章后劳动合同即生效。如果双方对劳动合同生效时间或生效条件有约定的，到达约定的时间或约定的条件成立时劳动合同生效。

但不论劳动合同何时生效，并不直接产生劳动关系建立的法律效果。劳动关系的建立与订立书面劳动合同没有直接的因果关系。建立劳动关系，应当订立书面劳动合同，但订立了书面劳动合同并不一定建立了劳动关系。劳动关系的建立以用工开始为标志。

（4）劳动合同条款

毕业生在签订劳动合同之前，应与用人单位认真协商，不可以草率签订，特别要注意劳动合同是否具备《劳动合同法》规定的必备条款，以及有关用人单位义务和劳动者权利的条款是否缺失。

《劳动合同法》对劳动合同必备条款的规定包括这几个方面。

①用人单位的基本情况：如名称、住所和法定代表人或者主要负责人。

②劳动者的主要情况：如姓名、住址、居民身份证或者其他有效身份证件号码。

③劳动合同期限。

④工作内容和工作地点。

⑤工作时间和休息休假。

⑥劳动报酬。

⑦社会保险。

⑧劳动保护、劳动条件和职业危害防护。

⑨法律法规规定应当纳入劳动合同的其他事项。

除以上必备条款外，劳动者和用人单位可以约定试用期、培训、保密、补充保险和福利待遇等其他事项。

94 高校毕业生如何应对"空白劳动合同"?

缺乏劳动合同必备条款和双方具体权利义务的"空白劳动合同"不应该签。

《劳动合同法》第十七条规定,劳动合同应当具备用人单位有关信息、劳动者有关信息、劳动合同期限、工作内容和工作地点、工作时间和休息休假、劳动报酬、社会保险等条款。这是法律对劳动合同内容的强制性规定。实践中,一些不诚信的用人单位要求劳动者签订格式化劳动合同或关键条款为空白的劳动合同,且只签订一份,在劳动者签字后收回,这不仅剥夺了劳动者对合同重要内容的知情权、选择权,更为日后发生劳动争议时,用人单位随意造假留下可乘之机。因此,劳动者入职签订劳动合同时,一定要坚持行使平等协商权、知情权、重要内容决定权,并保留一份劳动合同原件,以便发生争议时有据可依。

《劳动合同法》第八十一条规定,用人单位提供的劳动合同文本未载明劳动合同必备条款的,由劳动行政部门责令改正;给劳动者造成损害的,应当承担赔偿责任。因此,如果用人单位要求劳动者签订空白劳动合同,劳动者可以以该合同无法定必备条款为由拒绝签订,并通过投诉举报的方式维权。

95 高校毕业生的工作试用期是什么?

试用期不是必备条款,是否约定试用期由合同双方当事人根据情况协商,也可以不约定。没有约定试用期的劳动合同不影响其成立与生效。

《劳动合同法》第十九条规定，劳动合同期限三个月以上不满一年的，试用期不得超过一个月；劳动合同期限一年以上不满三年的，试用期不得超过两个月；三年以上固定期限和无固定期限的劳动合同，试用期不得超过六个月。

在实践中，用人单位和劳动者任何一方，如果认为需要延长试用期，都可以向对方提出意向、发出邀约。对方在接到邀约后，双方都应遵循完全自愿的原则，或拒绝，或同意，或进一步协商期限、待遇等。

试用期间工资不能低于本单位相同岗位最低档工资的80%，不能低于劳动合同约定工资的80%。同时，也不能低于用人单位所在地的最低工资标准。

96 工资总额由哪些构成？

工资总额由下列六个部分组成。

（1）计时工资

计时工资是指按计时工资标准（包括地区生活费补贴）和工作时间支付给个人的劳动报酬。包括：对已做工作按计时工资标准支付的工资；实行结构工资制的单位支付给职工的基础工资和职务（岗位）工资；新参加工作职工的见习工资（学徒的生活费）；运动员体育津贴。

（2）计件工资

计件工资是指对已做工作按计件单价支付的劳动报酬。包括：实行超额累进计件、直接无限计件、限额计件、超定额计件等工资制，按劳动部门或主管部门批准的定额和计件单价支付给个人的工资；按工作任务包干方法支付给个人的工资；按营业额提成或利润提成办法支付给个人的工资。

（3）奖金

奖金是指支付给职工的超额劳动报酬和增收节支的劳动报酬。包括：生产奖；节约奖；劳动竞赛奖；机关、事业单位的奖励工资；其他奖金。

（4）津贴和补贴

津贴和补贴是指为了补偿职工特殊或额外的劳动消耗和因其他特殊原因支付给职工的津贴，以及为了保证职工工资水平不受物价影响支付给职工的物价补贴。津贴包括：补偿职工特殊或额外劳动消耗的津贴；保健性津贴；技术性津贴；年功性津贴；其他津贴。物价补贴包括：为保证职工工资水平不受物价上涨或变动影响而支付的各种补贴。

（5）加班加点工资

加班加点工资指按规定支付的加班工资和加点工资。

（6）特殊情况下支付的工资

根据国家法律、法规和政策规定，因病、工伤、产假、计划生育假、婚丧假、事假、探亲假、定期休假、停工学习、执行国家或社会义务等原因按计时工资标准或计时工资标准的一定比例支付的工资；附加工资、保留工资。

97 高校毕业生应该了解哪些工资支付规定？

《工资支付暂行规定》由中华人民共和国劳动部发布，全文共二十条，以下节选部分内容。

第四条　工资支付主要包括：工资支付项目、工资支付水平、工资支付形式、工资支付对象、工资支付时间以及特殊情况下的工资支付。

第五条　工资应当以法定货币支付。不得以实物及有价证券替代货币支付。

第六条　用人单位应将工资支付给劳动者本人。劳动者本人因故不能领取工资时，可由其亲属或委托他人代领。

用人单位可委托银行代发工资。

用人单位必须书面记录支付劳动者工资的数额、时间、领取者的姓名以及签字，并保存两年以上备查。用人单位在支付工资时应向劳动者提供一份其个人的工资清单。

第七条　工资必须在用人单位与劳动者约定的日期支付。如遇节假日或休息日，则应提前在最近的工作日支付。工资至少每月支付一次，实行周、日、小时工资制的可按周、日、小时支付工资。

第八条　对完成一次性临时劳动或某项具体工作的劳动者，用人单位应按有关协议或合同规定在其完成劳动任务后即支付工资。

第九条　劳动关系双方依法解除或终止劳动合同时，用人单位应在解除或终止劳动合同时一次付清劳动者工资。

第十条　劳动者在法定工作时间内依法参加社会活动期间，用人单位应视同其提供了正常劳动而支付工资。社会活动包括：依法行使选举权或被选举权；当选代表出席乡（镇）、区以上政府、党派、工会、青年团、妇女联合会等组织召开的会议；出任人民法庭证明人；出席劳动模范、先进工作者大会；《工会法》规定的不脱产工会基层委员会委员因工会活动占用的生产或工作时间；其他依法参加的社会活动。

第十一条　劳动者依法享受年休假、探亲假、婚假、丧假期间，用人单位应按劳动合同规定的标准支付劳动者工资。

第十二条　非因劳动者原因造成单位停工、停产在一个工资支付周期内的，用人单位应按劳动合同规定的标准支付劳动者工资。超过一个工资支付周期的，若劳动者提供了正常劳动，则支付给劳动者的劳动报酬不得低于当地的最低工资标准；若劳动者没有提供正常劳动，应按国家有关规定办理。

第十三条　用人单位在劳动者完成劳动定额或规定的工作任务后，根据实际需要安排劳动者在法定标准工作时间以外工作的，应按以下标准支付工资：用人单位依法安排劳动者在日法定标准工作时间以外延长工作时间的，按照不低于劳动合同规定的劳动者本人小时工资标准的150%支付劳动者工资；用人单位依法安排劳动者在休息日工作，而又不能安排补休的，按照不低于劳动合同规定的劳动者本人日或小时工资标准的200%支付劳动者工资；用人单位依法安排劳动者在法定休假节日工作的，按照不低于劳动合同规定的劳动者本人日或小时工资标准的300%支付劳动者工资。

实行计件工资的劳动者，在完成计件定额任务后，由用人单位安排延长工作时间的，应根据上述规定的原则，分别按照不低于其本人法定工作时间计件单价的 150％、200％、300％支付其工资。

经劳动行政部门批准实行综合计算工时工作制的，其综合计算工作时间超过法定标准工作时间的部分，应视为延长工作时间，并应按本规定支付劳动者延长工作时间的工资。

实行不定时工时制度的劳动者，不执行上述规定。

第十四条　用人单位依法破产时，劳动者有权获得其工资。在破产清偿中用人单位应按《中华人民共和国企业破产法》规定的清偿顺序，首先支付欠付本单位劳动者的工资。

第十五条　用人单位不得克扣劳动者工资。有下列情况之一的，用人单位可以代扣劳动者工资：用人单位代扣代缴的个人所得税；用人单位代扣代缴的应由劳动者个人负担的各项社会保险费用；法院判决、裁定中要求代扣的抚养费、赡养费；法律、法规规定可以从劳动者工资中扣除的其他费用。

第十六条　因劳动者本人原因给用人单位造成经济损失的，用人单位可按照劳动合同的约定要求其赔偿经济损失。经济损失的赔偿，可从劳动者本人的工资中扣除。但每月扣除的部分不得超过劳动者当月工资的 20％。若扣除后的剩余工资部分低于当地月最低工资标准，则按最低工资标准支付。

第十七条　用人单位应根据本规定，通过与职工大会、职工代表大会或者其他形式协商制定内部的工资支付制度，并告知本单位全体劳动者，同时抄报当地劳动行政部门备案。

第十八条 各级劳动行政部门有权监察用人单位工资支付的情况。用人单位有下列侵害劳动者合法权益行为的，由劳动行政部门责令其支付劳动者工资和经济补偿，并可责令其支付赔偿金：克扣或者无故拖欠劳动者工资的；拒不支付劳动者延长工作时间工资的；低于当地最低工资标准支付劳动者工资的。

经济补偿和赔偿金的标准，按国家有关规定执行。

第十九条 劳动者与用人单位因工资支付发生劳动争议的，当事人可依法向劳动争议仲裁机关申请仲裁。对仲裁裁决不服的，可以向人民法院提起诉讼。

98 "五险一金"是什么？

"五险"是指社会保险，国家建立基本养老保险、基本医疗保险、工伤保险、失业保险、生育保险等社会保险制度，保障公民在年老、疾病、工伤、失业、生育等情况下依法从国家和社会获得物质帮助的权利。《中华人民共和国劳动法》规定，用人单位和劳动者必须依法参加社会保险，缴纳社会保险费。

"一金"是指住房公积金，《住房公积金管理条例》规定，单位录用职工的，应当自录用之日起 30 日内向住房公积金管理中心办理缴存登记，并办理职工住房公积金账户的设立或者转移手续。

（1）基本养老保险

职工应当参加基本养老保险，由用人单位和职工共同缴纳基本养老保险费。无雇工的个体工商户、未在用人单位参加基本养老保险的非全日制从业人员以及其他灵活就业人员可以参加基本养老保险，由个人缴纳基本养老保险费。公务员和参照公务员法管理的工作人员养老保险的办法由国务院规定。

用人单位缴纳基本养老保险费的比例，一般不超过企业工资总额的 16%，计入统筹账户，具体比例由省、自治区、直辖市人民政府确定。

根据国家规定，目前职工按照工资收入的 8% 缴纳养老保险费，记入个人账户。养老金的多少根据个人累计缴费年限、缴费工资、当地职工平均工资、个人账户金额、城镇人口平均预期寿命等因素确定，遵循"多缴多得，长缴多得"的原则。

（2）基本医疗保险

职工基本医疗保险费由用人单位和职工共同缴纳。用人单位缴费率控制在职工工资总额的 6% 左右，职工缴费率一般为本人工资收入的 2%。具体缴费比例由各统筹地区根据实际情况确定。其中，个人缴费计入本人个人账户，单位缴费全部计入统筹基金。

参保人须持有医保卡或医保电子凭证前往定点医疗机构和定点零售药店就医和购药。国家规定了基本医疗保险药品目录、诊疗项目和医疗服务设施的报销范围。参保人员在定点医院或零售药店发生的符合三大目录的相关医疗费用，医疗保险基金按照规定给予支付。其中，个人账户主要用于支付参保人员在医保政策范围内的自付费用，就医医保统筹地区起付线以上部分使用医保统筹基金支付。

（3）工伤保险

工伤，又称"工作伤害""职业伤害"。通常需要抓住三个要素：工作时间、工作地点、工作原因。除了在单位正常工作而受伤外，患职业病、因公外出期间由于工作原因受伤、上下班途中因非本人主要责任的交通事故而受伤、在抢险救灾等公益活动中受伤、参加单位组织的文体活动和培训而受伤等情形都属于工伤，但是故意犯罪、酗酒吸毒、自残自杀不得认定为工伤。

因工伤发生的下列费用，按照国家规定从工伤保险基金中支付：治疗工伤的医疗费用和康复费用；住院伙食补助费；到统筹地区以外就医的交通食宿费；安装配置伤残辅助器具所需费用；生活不能自理的，经劳动能力鉴定委员会确认的生活护理费；一次性伤残补助金和一至四级伤残职工按月领取的伤残津贴；终止或者解除劳动合同时，应当享受的一次性医疗补助金；因工死亡的，其遗属领取的丧葬补助金、供养亲属抚恤金和因工死亡补助金；劳动能力鉴定费。

（4）失业保险

具备一定条件的失业人员，可以领取失业保险金：按照规定参加失业保险，所在单位和本人已按照规定履行缴费义务满1年的；非因本人意愿中断就业的；已办理失业登记，并有求职要求的。

失业人员在领取失业保险金期间，按照规定同时享受其他失业保险待遇。失业人员在领取失业保险金期间，参加职工基本医疗保险，享受基本医疗保险待遇。失业人员应当缴纳的基本医疗保险费从失业保险基金中支付，个人不缴纳基本医疗保险费。

（5）生育保险

生育保险待遇主要包括两项：生育医疗费用和生育津贴。生育保险和职工基本医疗保险合并实施。

①生育医疗费用包括女职工因怀孕、生育发生的检查费、手术费、住院费、药费和计划生育手术费。

②生育津贴是指根据国家法律、法规规定对职业妇女因生育而离开工作岗位期间，给予的生活费用。在实行生育保险社会统筹的地区，由生育保险基金按本单位上年度职工月平均工资的标准支付，支付期限一般与产假期限相一致。

（6）住房公积金

所有缴存单位均可在 5%~12% 范围内选择住房公积金缴存比例，但职工和单位住房公积金的缴存比例均不得低于职工上一年度月平均工资的 5%；有条件的城市，可以适当提高缴存比例。

职工有下列情形之一的，可以提取职工住房公积金账户内的存储余额：购买、建造、翻建、大修自住住房的；离休、退休的；完全丧失劳动能力，并与单位终止劳动关系的；出境定居的；偿还购房贷款本息的；房租超出家庭工资收入的规定比例的。

缴存住房公积金的职工，在购买、建造、翻建、大修自住房时，可以向住房公积金管理中心申请住房公积金贷款。申请人申请住房公积金贷款的，应当提供担保。

99 高校毕业生还可享有哪些社会保障性待遇？

（1）个人养老金

2022年11月25日，人力资源社会保障部、财政部、国家税务总局三部门印发《关于公布个人养老金先行城市的通知》，个人养老金制度在31个先行城市（地区）启动实施。

个人养老金是指政府政策支持、个人自愿参加、市场化运营、实现养老保险补充功能的制度。个人养老金制度的参加范围是参加城镇职工基本养老保险或城乡居民基本养老保险的劳动者。已参加城镇职工基本养老保险或城乡居民基本养老保险，且尚未达到基本养老保险待遇领取条件的人员，可以参加个人养老金制度。

参加人每年缴纳个人养老金额度上限为12000元，参加人每年缴费不得超过该缴费额度上限。人力资源社会保障部、财政部根据经济社会发展水平、多层次养老保险体系发展情况等因素适时调整缴费额度上限。参加人可以按月、分次或者按年度缴费，缴费额度按自然年度累计，次年重新计算。

在缴费环节：个人向个人养老金资金账户的缴费，按照12000元/年的限额标准，在综合所得或经营所得中据实扣除。在投资环节：计入个人养老金资金账户的投资收益暂不征收个人所得税。在领取环节：个人领取的个人养老金，按照3%的税率计算缴纳个人所得税。

（2）企业年金

企业年金是指企业及其职工在依法参加基本养老保险的基础上，自主建立的补充养老保险制度。企业年金基金由下列各项组成：企业缴费；职工个人缴费；企业年金基金投资运营收益。

企业缴费每年不超过本企业职工工资总额的 8%，企业和职工个人缴费合计不超过本企业职工工资总额的 12%。具体所需费用由企业和职工一方协商确定。

《企业年金办法》规定，职工在达到国家规定的退休年龄或者完全丧失劳动能力时，可以从本人企业年金个人账户中按月、分次或者一次性领取企业年金，也可以将本人企业年金个人账户资金全部或者部分购买商业养老保险产品，依据保险合同领取待遇并享受相应的继承权。出国（境）定居人员的企业年金个人账户资金，可以根据本人要求一次性支付给本人。

（3）长期护理险

长期护理保险是以长期处于失能状态的参保人群为保障对象，重点保障重度失能人员基本生活照料和相关医疗护理等所需费用的制度。我国自 2016 年开始，在 15 个城市启动长期护理保险试点，逐步推开长期护理保险，目前长期护理保险已经扩大到 49 个城市。

（4）补充医疗保险

补充医疗保险是指企业、事业单位在实施城镇职工基本医疗保险的基础上，自主建立或参加的一种补充性医疗保险形式，可以进一步减轻职工医疗费用负担，是基本医疗保险的有益补充。

通常来说，补充医疗保险费主要用于支付基本医疗保险、职工大病保障和医疗救助支付之余的个人自付医疗费用及基本医疗保险支付范围之外的个人自费医疗费用。不同企业设立的补充医疗保险制度会有不同的规范和保障范围。

100 **高校毕业生在就业社会保险方面有哪些注意事项?**

（1）试用期内要缴社保吗

劳动者在试用期内也应该有权享受社会保险，因为试用期是合同期的一个组成部分，它不是隔离在合同期之外的。所以在试用期内用人单位也应当为劳动者建立社会保险，缴纳社会保险费用。

（2）员工能自愿弃缴社保吗

根据《中华人民共和国社会保险法》《中华人民共和国劳动合同法》的相关规定：用人单位和劳动者应当依法参加社会保险，缴纳社会保险费。为劳动者参加社会保险并依法缴纳社会保险费系用人单位的法定义务，该项义务不能由用人单位和劳动者通过约定变更或者放弃。

（3）毕业生灵活就业如何享有社保补贴

对离校 2 年内未就业的高校毕业生灵活就业后缴纳的社会保险费，给予一定数额的社会保险补贴，补贴标准原则上不超过其实际缴费的 2/3，补贴期限最长不超过 2 年。灵活就业的高校毕业生，向当地人社部门提供基本身份类证明原件或复印件、灵活就业证明材料等。人社部门审核后，将补贴资金支付到申请者本人社会保障卡银行账户。

（4）权益遭到侵害，如何寻求救济

《劳动合同法》第三十八条及第四十六条规定，未依法为劳动者缴纳社会保险费的，劳动者可以解除劳动合同并获得经济补偿，如果发生用人单位不为劳动者缴纳社会保险的情况，劳动者有权以用人单位未缴纳社会保险费为由提出解除劳动关系，并要求单位支付经济补偿金，同时要求补缴社会保险。